Paris
1881

Demay, Germain

La paléographie des sceaux

LA
PALÉOGRAPHIE DES SCEAUX

PAR

G. DEMAY

SOUS-CHEF DE LA SECTION HISTORIQUE AUX ARCHIVES NATIONALES

PARIS

IMPRIMERIE NATIONALE

M DCCC LXXXI

LA

PALÉOGRAPHIE DES SCEAUX

LA

PALÉOGRAPHIE DES SCEAUX

PAR

G. DEMAY

SOUS-CHEF DE LA SECTION HISTORIQUE AUX ARCHIVES NATIONALES

PARIS

IMPRIMERIE NATIONALE

M DCCC LXXXI

LA

PALÉOGRAPHIE DES SCEAUX.

Les ouvrages de paléographie ont assurément rendu de grands services; nous pensons toutefois, avec les érudits modernes, qu'un exposé de la science offrirait des avantages plus pratiques, des résultats encore plus certains, s'il se composait de petits traités séparés, s'appliquant chacun à une même catégorie de textes.

Par l'importance qu'elle a acquise de nos jours, la sigillographie nous a paru devoir être l'objet d'un de ces traités spéciaux. Nous le donnons ici.

Bien qu'il porte sur une quantité considérable de types, et qu'il soit extrait de la plus nombreuse collection de sceaux qui ait été formée, ce travail n'a pas la prétention d'être complet; il est même loin d'avoir épuisé la matière; mais il offre du moins un cadre où chacun pourra faire entrer ses propres observations, inscrire ses découvertes.

Dans l'épigraphie des légendes, nous examinerons successivement l'écriture, la ponctuation, les différentes espèces d'abréviations, la disposition des inscriptions, la langue dans laquelle elles sont écrites. Cet aperçu sera suivi d'un tableau de mots abrégés relevés dans le riche dépôt sigillographique des Archives nationales.

ÉCRITURE DES SCEAUX.

L'écriture majuscule a été généralement employée dans les inscriptions des sceaux. On la rencontre à toutes les époques où l'on a scellé des actes. Au temps de la plus grande vogue de la minuscule gothique, dès la seconde moitié du XIVe siècle et durant tout le XVe, la majuscule n'a jamais été abandonnée.

Écriture mérovingienne. — A l'époque mérovingienne, cette majuscule a été la capitale romaine barbare, où l'on trouve des C et des O carrés, ⊏ ◇, des D d'origine grecque, Δ.

FAC-SIMILÉ DE LÉGENDES MÉROVINGIENNES.

Dagobertus, rex Francorum.

Childebertus, rex Francorum.

Écriture carolingienne. — La capitale continue sous les Carolingiens, mais en s'épurant, en prenant de la régularité, de la symétrie. Même lorsqu'elle emploie des lettres grecques, telles que le X et le P, pour exprimer le mot *Christe*, comme dans les types de Charlemagne, de Louis le Débonnaire, de Pépin Ier et de Lothaire Ier, la capitale carolingienne conserve son ordonnance. Le fait le plus remarquable est qu'on voit intervenir dans la composition des mots des lettres appartenant à l'écriture onciale, sorte de majuscule à contours arrondis. Ainsi, dès 774, deux G et un E, ϭ є, pris dans l'alphabet oncial se remarquent au sceau de Charlemagne. Dans les légendes carolingiennes, comme sur les sceaux de la première race, les mots ne sont pas séparés les uns des autres.

FAC-SIMILÉ DE LA LÉGENDE DU SCEAU DE CHARLEMAGNE.

Christe, protege Carolum, regem Francorum.

Écriture capétienne. — L'introduction de l'onciale dans la capitale romaine se fait encore plus sentir sur les sceaux des Capétiens.

On trouve des 𝔊 et des 𝔈 dans le type du roi Robert, en 997.

La légende de Philippe Ier, en 1082, contient un 𝔐.

Des 𝔘 ont été employés sur les sceaux de Foulques, évêque de Beauvais, en 1089-1095; d'Étienne, évêque d'Autun, en 1112-1140.

Les inscriptions figurées sur les sceaux de Henri le Sanglier, archevêque de Sens, en 1125; d'Alain, évêque de Rennes, en 1153; d'Eudes de Ham, en 1179, présentent le 𝔇.

Le sceau d'Étienne de Senlis, évêque de Paris, offre la lettre 𝔥, en 1127.

En 1141, des 𝔑 figurent dans le type de Louis le Jeune.

Des ∞ se voient aux sceaux de Thibaud, évêque de Paris, en 1144; de l'abbaye de Vicogne, en 1149; de l'abbaye de Saint-Victor, vers 1160.

On remarque un 𝔗 dans la légende de Hugues III, évêque d'Auxerre, vers 1144.

Un type de l'abbaye d'Anchin fournit, en 1166, un exemple de l'𝔈 fermé.

Des H ainsi tournés vers la gauche, 𝔑, ont été intercalés parmi les capitales au sceau de Richard Cœur de lion, en 1195.

A la date de 1176, le contre-sceau de Louis le Jeune offre des X.

Un autre X d'une forme différente, X, se voit au sceau de Philippe-Auguste, en 1180.

L'onciale 𝔫 ne se montre que vers le commencement du XIIIe siècle, chez Raoul, évêque d'Arras, et Pierre, abbé du Câteau, en 1204; chez saint Louis, en 1240. Notons cependant qu'on en trouve un dans le type d'Étienne de Beaugé, évêque d'Autun, avant 1140.

Les lettres carrées, dont j'ai signalé la présence dans les légendes mérovingiennes, se retrouvent encore, bien rarement il est vrai, mêlées à la capitale et à l'onciale des sceaux jusqu'à la fin du XIIe siècle. Ainsi le ⊏ de Clovis III, de Childebert III, de Chilpéric II, persiste sur les sceaux de Henri Ier, roi de France, en 1035; de Guillaume le Conquérant, en 1069; d'Achard, évêque d'Avranches, en 1161-1170; du prieuré de Bath, au XIIe siècle. Ce même prieuré de Bath offre également un G carré, ◘.

L'O carré, ◇, de Dagobert Ier, de Clovis III, continue dans le type de Guillaume le Conquérant, en 1069.

Des P carrés et ouverts, ꟼ, figurent encore à la date de 1263 sur le sceau normand de Philippe Galeran.

Vers la fin du XIe siècle, quelques caractères minuscules concourent parfois à la formation des mots. — Un q est employé, dès 1088, dans la légende de Richard, archevêque de Bourges. — Le type d'Audebert d'Uzès, évêque de Nîmes, en 1174, offre un b. — On rencontre un d sur le sceau de Gautier de Bousies, en 1181. — La légende de Richard des Portes présente un f, en 1255.

FAC-SIMILÉ DE LA LÉGENDE DU SCEAU ET DU CONTRE-SCEAU DE LOUIS VII.

Ludovicus, Dei gratia Francorum rex

et dux Aquitanorum.

Nous placerons successivement sous les yeux du lecteur les divers alphabets sigillographiques employés à l'Imprimerie nationale, en l'avertissant toutefois que les exigences de la typographie ont voulu que ces caractères soient ramenés à l'uniformité de dimension. Il n'en est pas de même dans la réalité, où chaque type a pour ainsi dire son alphabet individuel, et où la proportion des lettres dépend surtout de l'espace à remplir et du calcul exact qu'en a fait le graveur. On comprend, après cette dernière observation, la difficulté, pour ne pas dire l'impossibilité, d'assigner des règles fixes à la forme chronologique de chaque variété de lettre.

Sur le sceau de Louis VII dont nous venons de donner le fac-similé, la face et le revers, tout en présentant la même surface, ne doivent pas contenir une légende de même longueur; de là une notable différence dans la figure des caractères à la même date. Dans le type de l'abbaye de Boheries, en 1168, un côté de l'ogive contient : **SIGILLV ABBATIS**, *sigillum abbatis;* l'autre côté, ne portant que **DE BOHERIS**, *de Boheris,* présente des lettres beaucoup plus larges et beaucoup plus espacées. Il en est de même sur le sceau de l'abbaye de Saint-Pierre de Loos, en 1164, etc.

ALPHABET MAJUSCULE DES XIe, XIIe ET XIIIe SIÈCLES.

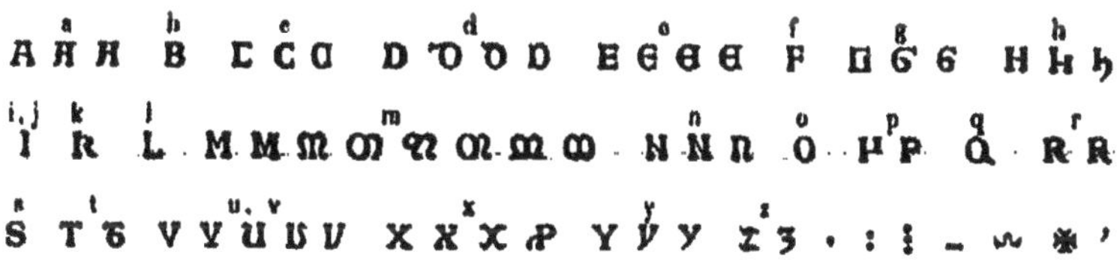

Majuscule gothique. — La majuscule dite *gothique* apparaît sur les sceaux bien plus tard et avec des différences bien moins sensibles que dans les manuscrits. Ce n'est que dans le deuxième type de Philippe le Hardi, en 1272, qu'elle commence à se manifester distinctement. Plus caractérisée sur le sceau de régence de ce même souverain, elle s'accuse définitivement sur le sceau de Philippe le Bel, en 1286. On la rencontre sur les sceaux d'un abbé de Dœst, en 1295; d'un abbé de Hasnon, en 1296. Son avènement général dans l'écriture des légendes doit être reporté aux premières années du XIVe siècle.

ALPHABET MAJUSCULE GOTHIQUE.

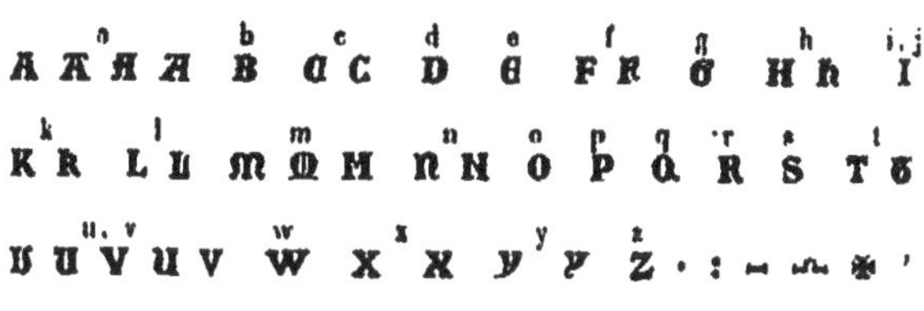

Minuscule gothique. — Vers le milieu du XIVe siècle, survient la minuscule gothique. Le sceau de Jeanne de Bourgogne, première femme de Philippe de Valois, en 1344, offre un des plus anciens exemples de la nouvelle écriture, dont l'usage s'accroît à mesure qu'on approche de la fin du XIVe siècle, pour devenir presque général au XVe, et rester très fréquent pendant le siècle suivant.

Le passage de la capitale à la minuscule offre des transitions assez curieuses. Sur le contour du sceau de Pierre de la Forêt, chancelier du duc de Normandie, en 1348, on lit : *Secretum Petri*, en majuscule, et, dans le champ, sur deux lignes, *de Foresta*, en minuscule gothique : ✱ **SECRETVM PETRI de : foReſta**; le **R** de *Foresta* est resté majuscule.

Ajoutons que les légendes en minuscule gothique commencent bien souvent par une majuscule. Quelquefois même, la première lettre de chaque mot est empruntée à ce dernier alphabet. On pourrait citer des exemples où la capitale et la minuscule se trouvent mélangées au hasard, comme dans le type de la vicomté de Bayeux, en 1556... **CACIONS de LA VICONTe de BAI**..., *seel des obligacions de la viconté de Baieux*.

ALPHABET MINUSCULE GOTHIQUE DES XIVe ET XVe SIÈCLES.

a b c d e f g h i k l m n o

p q r s ſ t u v w x y z : .

ALPHABET MINUSCULE GOTHIQUE DES XVe ET XVIe SIÈCLES.

a b c d e e f g h i j k l m n o p

q r ꝛ s ſ t u v w x y ʒ z ꝛc - : .

Capitale de la Renaissance. — Nous avons dit que la minuscule gothique était restée fréquente au XVIe siècle, sans être d'un emploi aussi général qu'au siècle précédent. On voit en effet apparaître, vers la fin du xve, une nouvelle capitale, qu'on a nommée capitale de la Renaissance. C'est un retour à l'ancienne capitale romaine, mélangée de majuscule et de minuscule gothique, le tout ramené à un style maigre et bâtard, à lettres étroites, sans grâce ni souplesse. Cet alphabet, en vigueur sous Charles VIII et Louis XII, n'a eu qu'une durée passagère. Il n'est déjà plus en usage sous Henri II. Il disparaît alors, cédant la place à un système de caractères plus corrects, plus amples et plus nobles, dont l'épigraphie du temps de Louis XIV conserve encore l'aspect et la forme.

CAPITALE DE LA RENAISSANCE.

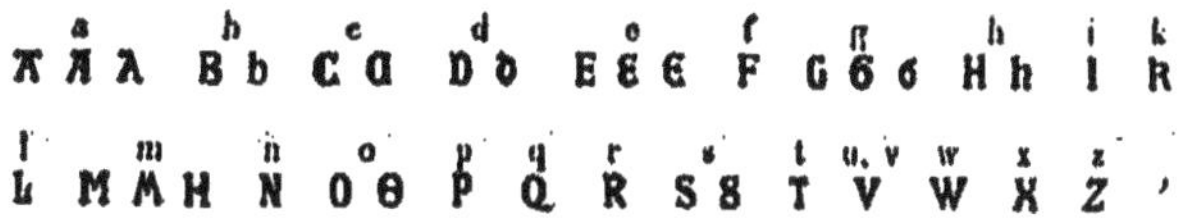

Écriture numérale. — Dès les premières années du xiiie siècle, certains sceaux portent la date de leur fabrication ou de leur renouvellement. Nous examinerons brièvement, d'après ces types spéciaux, les divers genres de signes numéraux employés en sigillographie. Les sceaux présentent d'abord le système romain bien connu, qui consiste à exprimer les nombres par les sept lettres de l'alphabet : I, V, X, L, C, D, M. Ces lettres ont suivi les phases de l'écriture des légendes.

Au xiiie siècle, ce sont des capitales romaines mêlées d'onciales. Ainsi, dans un des plus anciens types datés que nous connaissions, le type d'Adam, seigneur de Beaumont, en 1211, on lit au contre-sceau :

✱ ACTVM · MILO · CC · X · I · ·:

Le contre-sceau d'Archambaud d'Argy, sire de Palluau, porte dans le champ et autour de l'écu la date 1255 :

ANO DNI M CC L V

On remarquera dans cet exemple l'emploi de la petite lettre supérieure °, dont nous parlerons à l'article des abréviations.

A la capitale mêlée d'onciale succède également, pour représenter les chiffres, la majuscule dite *gothique*, comme on peut le voir sur un des contre-sceaux de l'officialité de Paris, en 1410 :

✠ S : CURIE : PAR : FCUM : ANO M CCCC X

Le sceau de la Grande-Chartreuse établit en outre qu'à la date de 1404, on exprimait encore le nombre 4 par un I répété quatre fois : M°·CCCC·IIII.

La minuscule gothique remplace, à son tour, la majuscule pour le tracé des chiffres, mais avec cette réserve qu'elle ne sert à cet usage spécial que vers le premier tiers du xve siècle. Parmi les plus anciens spécimens de la minuscule numérale, nous citerons : les contre-sceaux de l'officialité de Térouane en 1432, 1440, 1462; le sceau de Guillaume, duc de Saxe et landgrave de Thuringe, en 1457.

Voici la légende de l'officialité de Térouane, en 1440; une fleurette sépare chaque mot.

S ✿ anno ✿ dñi ✿ m° ✿ cccc° ✿ xl° ✿

Au commencement du xvie siècle, bien que les légendes soient encore écrites en lettres gothiques, on emploie les chiffres arabes. La légende gothique de Philippe de Clèves, seigneur de Ravenstein, se termine par la date en chiffres arabes, 1503. La légende de Denis, abbé de Loos, porte 1511; celle de Georges, duc de Saxe, 1515.

Dans la capitale de la Renaissance, l'usage des mêmes chiffres arabes continue et persiste avec la belle majuscule qui lui succède.

PONCTUATION DES LÉGENDES.

On doit entendre ici, par le mot ponctuation, les signes servant à déterminer le commencement et la fin de la légende, ou séparant les mots.

La croix grecque ✠ indique l'endroit où l'inscription commence. On constate déjà sa présence sur les sceaux des derniers rois mérovingiens. Sa figure est alors légèrement pattée. A mesure que les différents alphabets se succèdent, les extrémités de la croix s'élargissent, s'alourdissent. On l'a quelquefois remplacée par une fleur de lys, comme on le voit au contre-sceau de la ville de Meulan, en 1195. Au XVe siècle, on lui substitue fréquemment une étoile ou une rose.

L'usage du signe initial est général, sans toutefois être absolu. Il manque d'ordinaire lorsqu'un édicule, un dais ou la tête du personnage débordant le champ prennent la place qu'il doit occuper. Cette place se trouve à la partie supérieure du type.

Dans les légendes qui suivent le contour extérieur du sceau, le signe indiquant le commencement d'une légende en marque également la fin. Cependant, un double emploi, peu fréquent il est vrai, se remarque sur certains sceaux dès les premières années du XIIe siècle; dans les types de Josseran, évêque de Langres, en 1123, du chapitre de Saint-Amé de Douai, vers la même date, l'inscription, commençant par une croix, se termine par un point; il en est de même à la légende de Hugues, abbé de Saint-Amand, en 1166. On peut signaler encore un point à la fin des légendes des papes Pascal II, en 1103; Honorius II, en 1125; mais ici, l'inscription étant horizontale, la présence du point se trouve justement motivée. Ajoutons que la ponctuation finale consiste parfois en deux points, comme au sceau de Henri, évêque de Bayeux, en 1164-1205. Un peu plus tard, c'est une feuille, une fleurette, un rameau, qui remplacent la marque terminale et qui laissent en même temps supposer l'intention de garnir une place dont le vide offrirait à l'œil un aspect désagréable. Dès 1157, un signe de remplissage se voit à la fin de la légende d'Étienne de la Rochefoucauld, évêque de Rennes.

Vers le dernier quart du XIe siècle, on commence à distinguer, dans certaines inscriptions, des points destinés à isoler les mots. Leur emploi devient plus fréquent au XIIe siècle; aux siècles suivants, il est habituel. Les premiers signes de séparation consistent en un point ou en trois points superposés. Les deux points l'un sur l'autre ne sont usités que plus tard, au début du XIIIe siècle. Je citerai quelques exemples relevés sur les plus anciens types ponctués.

Un point seul • entre les mots se voit aux sceaux de Helgot, évêque de Soissons, en 1085; d'Étienne de Senlis, évêque de Paris, en 1127 et 1138; de Gosselin de Vierzy, évêque de Soissons, en 1149; du pape Anastase IV, en 1153; de Nicolas, évêque de Cambrai, en 1156, etc.

Trois points superposés ⁝ séparent les mots aux sceaux de Richard, archevêque de Bourges, en 1089; d'Étienne de Baugé, évêque d'Autun, avant 1140; de Pierre Lombard, évêque de Paris, en 1159; de Henri de Carinthie, évêque de Troyes, en 1167; de Thibaud, évêque d'Amiens, en 1172, etc.

Les deux points : apparaissent sous Philippe-Auguste avec les sceaux du chapitre de Saint-Pierre de Douai, en 1203; de Pierre, abbé de Saint-André du Câteau, en 1204; d'Arnaud, abbé de Cercamp, en 1207; de Renaud, abbé de Saint-Crépin-le-Grand de Soissons, en 1209; de Robert, prévôt du chapitre de Saint-Amé de Douai, en 1211, etc.

Quelquefois la même légende participe de deux ponctuations. Ainsi, l'on remarque un point et trois points dans le type de Gérard, abbé de Longpont, en 1153. Un point et deux points se voient au sceau de l'abbaye de ce nom, en 1160, et, dans ce dernier exemple, les deux points devancent l'époque où ils paraissent seuls dans les légendes. On doit dire encore qu'il existe des inscriptions où la ponctuation de séparation n'existe pas entre chaque mot. Sur le sceau de l'évêque de Nîmes, Audebert d'Uzès, en 1174, la légende présente seulement un point après le premier mot et un point à la fin. Bien que l'on rencontre les trois points dans un type de Philippe le Hardi, en 1270, le point et les deux points ont seuls persisté, les deux points surtout.

Les points ont été souvent remplacés, sur les sceaux des souverains ou des grands, par des étoiles, des annelets, de petits sautoirs, des quintefeuilles, des croisettes. — Une étoile à six rais sépare les mots dans la légende de Philippe-Auguste, en 1180, et c'est la première fois que l'on distingue des traces de ponctuation sur les sceaux royaux. — Deux annelets séparent les mots sur les sceaux de Philippe le Hardi, en 1272, et de Philippe le Bel, en 1286. — Dans les types de Louis X, en 1315, la ponctuation consiste en deux petits sautoirs. Ces petits sautoirs figurent également dans les légendes de Charles le Bel, en 1322; de Philippe de Valois, en 1330; de Charles V, en 1365. — Au lieu de deux points, on voit deux quintefeuilles aux sceaux de Philippe V, en 1317; de Charles le Bel, en 1321; de Philippe de Valois, en 1343. — Sur le sceau delphinal de Charles V, en 1376, sur celui de Charles VI, en 1392, deux croisettes isolent les mots.

Dans la minuscule gothique, la ponctuation entre les mots consiste d'ordinaire en deux croisettes. Cependant, la légende de Jeanne de Bourgogne, en 1344, offre deux petits sautoirs. On distingue également deux petits sautoirs au sceau de Louis II, comte de Flandre, en 1382.

Indépendamment des signes que je viens de mentionner, il n'est pas très rare de rencontrer des légendes en minuscule gothique accompagnées de fleurettes, de palmes ou de rameaux intercalaires. Nous avons déjà mentionné, à ce sujet, la légende de l'officialité de Térouane, en 1440. Le type de Gilbert de Bourbon, comte de Montpensier et dauphin d'Auvergne, en 1480, offre une légende interrompue à son milieu par une tigelle fleurie. Le sceau d'Anne de Bretagne, à la même date, présente, entre chaque mot, deux croisettes suivies d'un rameau. Une fleurette ou une quintefeuille indique la séparation des mots au sceau du vicariat général d'Étienne Blosset, évêque de Lisieux, en 1492. Sur le sceau de Louis, dauphin de Viennois, en 1410, le dernier mot de la légende se trouve compris entre deux rameaux. Dans le type de Pierre, fils du roi de Navarre, en 1404, l'*e* final de Pierre se termine en une tige fleurie : 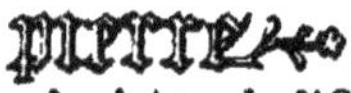 Enfin, chez Pierre, comte d'Alençon, en 1391, chez le bâtard d'Orléans, comte de Dunois, en 1444, une longue palme remplit l'espace resté libre à la fin de l'inscription.

Si nous étudions maintenant la séparation des mots dans l'écriture capitale de la Renaissance, nous remarquons des spécimens de tous les signes précédents : points, croisettes, sautoirs, sextefeuilles, annelets, etc. — Deux croisettes, au sceau de Louis, duc d'Orléans, en 1485. — Une étoile, au sceau de Charles VIII, en 1494. — Deux sextefeuilles, dans le type du même roi, en 1495. — Une croisette, dans celui de Louis XII, en 1498. — Deux annelets, sur un autre sceau de Louis XII, à la même date. — Deux sautoirs, au sceau de Marie de Luxembourg, duchesse de Vendômois, en 1522. — Un point, à celui de Pierre de Verchin, sénéchal de Hainaut, en 1529.

ABRÉVIATIONS.

Les mêmes raisons qui ont motivé l'emploi constant des abréviations dans les chartes et les manuscrits les ont rendues encore plus indispensables dans les inscriptions des sceaux. La nécessité de faire contenir plusieurs mots dans un espace aussi restreint que le contour d'un sceau a donné lieu aux abréviations que présentent les légendes. Les contre-sceaux, bien plus petits d'ordinaire que le type principal, offrent, par cette même raison, plus d'abréviations que ce dernier. Il s'en trouve même quelquefois qui resteraient inintelligibles sans le secours du sceau; telle est, par exemple, la légende : 9A • SO • IT • AG, *contra sigillum Jamet Aleaume.*

La première forme d'abréviation a été le sigle simple, c'est-à-dire le remplacement d'un mot par son initiale. Cet emploi du sigle porte souvent sur le nom du possesseur du sceau. De là une difficulté de lecture qui devient insurmontable si l'on ne peut recourir à la charte, dont la suscription contient d'ordinaire le nom et les titres inscrits dans la légende. Ainsi, le sigle G peut signifier *Galcheri, Garsias, Gaufridi, Gerardi, Gregorii, Guichardi, Guillelmi*, etc. — L'initiale seule sert également à exprimer un titre ou une qualité, un mot d'un usage fréquent : indépendamment des noms propres qu'elle représente, la lettre M peut signifier *magistri, martiris, milicie, militis, mulieris;* de même, P s'emploie indifféremment pour *pape, prepositi, presbiteri, prioris.* — Une initiale répétée sert à marquer le pluriel comme FP pour *fratrum.* — Quelquefois plusieurs mots qui se suivent sont abrégés par une succession de sigles : B M, *Beate Marie;* H D' F, *Henrici de Ferrariis;* S E R, *sancte ecclesie romane.*

Une autre sorte d'abréviation consiste à remplacer un mot par son initiale jointe à sa finale : DS, *Deus;* MA, *mea;* SM, *sigillum.* Cette abréviation est dite abréviation par contraction. La contraction s'applique de plusieurs autres manières. Il y a la contraction par consonnes, dans laquelle la légende reproduit seulement les principales consonnes d'un mot en comprenant la terminale : CHR, CHLR, *chevalier;* FCM, *factum;* MGR, *magister.* La contraction la plus ordinaire est celle qui supprime des lettres et même une ou plusieurs syllabes dans le corps du mot : APCI, *apostolici.*

Dans l'abréviation dite par suspension, on néglige les lettres finales du mot. En voici des exemples : CONSTAN, CONSTANC̄, CONSTANCIEÑ, *Constanciensis;* RAYM, *Raymundus.* De toutes les abréviations, la suspension est la plus fréquente; elle présente aussi moins de difficultés au lecteur, qui se trouve guidé par le sens et l'accord grammatical. Il se peut cependant que la suspension se complique de contraction, comme dans ABB'VILE, *Abbatisvilla;* PETG, *Petragoricensis;* l'énigme est un peu plus difficile à deviner dans BRD, *Bernardus;* CR', pour *Cameracensis.*

Certaines légendes présentent des mots abrégés par un système de petites lettres placées au-dessus des majuscules, soit qu'il y ait en même temps contraction, comme dans CISI, *Croisi,* PETNIL, *Petronille,* où la lettre R manque, soit qu'on ait voulu simplement diminuer l'espace occupé par la syllabe, tout en la laissant subsister dans son entier, comme dans N de G'MAN, *Germano.* — Le G, le T, reçoivent également des petites lettres supérieures, comme G, T. — On s'est également servi de petites lettres supérieures pour écrire les nombres figurés quelquefois sur les sceaux. Elles expriment alors la voyelle terminale : M veut dire *millesimo;* C, *centesimo.*

Il arrive encore que l'on abrège en enclavant des petites lettres dans les majuscules. Ainsi *Loiac* s'est écrit LIAC; *Philipus*, PHILPVS; *sigillum*, SIGILVO et SGLL. On rencontre aussi

Par un autre système d'abréviation, les capitales ont été liées ensemble, souvent par deux, quelquefois par trois, comme le montre le tableau ci-dessous. On rencontre même des ligatures reliant toutes les lettres ensemble, de façon à former ce qu'on appelle un monogramme. Le système d'abréviation par ligatures est en usage dans tous les alphabets sigillographiques.

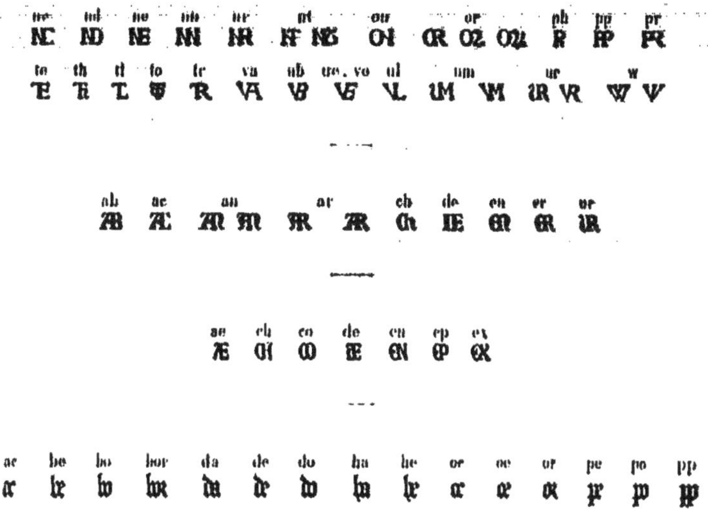

SIGNES ABRÉVIATIFS.

Les abréviations dont nous venons de parler sont, la plupart du temps, signalées au lecteur à l'aide de certaines marques spéciales. Parmi les différents signes employés, les uns surmontent les lettres, d'autres les coupent ou les traversent, ou les suivent. Il y a des signes abréviatifs commençant ou finissant un mot, ceux qui remplacent la conjonction *et*, *que*, etc.

Les signes abréviatifs placés au-dessus des lettres sont le trait horizontal ¯ et l'accent circonflexe grec ῀.

Le plus ancien exemple du trait horizontal que nous connaissions se voit au sceau de Liébert, évêque de Cambrai, en 1075 : DĪ remplace le mot *Dei;* la même abréviation figure dans les légendes de Philippe Ier, roi de France, en 1082, de Lambert, évêque d'Arras, en 1097. Une bulle de Pascal II offre, en 1003, P̄P, qui signifie *papa*. Sur le sceau de Samson Mauvoisin, archevêque de Reims, en 1145, on lit SIGILLV̄ DĪ GRĀ, pour *sigillum Dei gratia*. Il se présente cependant quelques cas où le trait horizontal n'est pas posé tout à fait au-dessus des lettres. Deux d'entre elles semblent alors s'éloigner pour le contenir dans leur écartement. Sur le sceau de Gerbert, évêque de Paris, en 1122, on remarque **EP-I**, pour *episcopi*. Le type de Henri le Sanglier, archevêque de Sens, présente, en 1138, **ARCHIEP-I**, *archiepiscopi*. Quelquefois on a diminué la hauteur de la lettre de telle façon que le trait abréviatif qui la surmonte ne dépasse pas l'alignement général. Dans le type de Philippe-Auguste, en 1180, *Dei* est écrit **DI**.

L'abréviation par l'accent circonflexe grec, beaucoup plus rare que la précédente, commence à se montrer sur le sceau de Jean Renaud, archevêque de Reims, en 1133, au mot **SIGILLV̂**, *sigillum*. On le trouve dans la légende du pape Anastase IV, en 1153, surmontant les deux **P̂P** du mot *papa*. Son emploi continue, de loin en loin, dans les siècles suivants, pour reprendre un peu de faveur à la Renaissance.

Nous ne quitterons pas les traits abréviatifs supérieurs sans avertir le lecteur que ces traits ne sont pas toujours à la place qu'ils devraient occuper régulièrement. Dans **COIL̄II**, pour *consilii*, la véritable place du trait est sur l'O; dans **M̄ITRACO**, *Mitriaco*, il aurait dû surmonter le **T**. Cette irrégularité tient à ce que parfois les signes indiquent seulement une abréviation dans le mot.

Les lettres sont coupées par des traits abréviatifs droits ou recourbés.

Un trait droit traverse la queue du **P** dans le mot **EPS**, *episcopus*, au sceau d'Helgot, évêque de Soissons, en 1085.

En 1133, on remarque un **C** coupé par un trait droit dans la légende de l'abbaye de Saint-Germain d'Auxerre, **SCI**, *sancti*.

Un **V** présente son montant de droite coupé par un trait au sceau de l'abbé de Vauluisant, en 1159, **SIGILLX**, *sigillum*.

On rencontre un **G** dont un trait droit coupe le crochet supérieur au mot *sigillum* du sceau de Guillaume Louvel, en 1168.

Sigillum est écrit par le sigle **S**, un **S** coupé de biais entre les deux panses, dans le type de Manassès, comte de Bar-sur-Seine, en 1168.

Le mot *Aldebertus* offre un b minuscule à la haste traversée, dans le type d'Audebert, évêque de Nîmes, en 1174.

Sur le sceau de Manassès, abbé de Chocques, vers 1180, le mot *sigillum* s'écrit SIG', le crochet inférieur du G traversé obliquement.

Dans la légende d'Arthur, duc de Bretagne, en 1199, figure un G traversé de biais complètement.

Si nous considérons également, dans leur ordre d'ancienneté, les lettres coupées par des traits abréviatifs recourbés, nous placerons en tête le T de Lambert, évêque d'Arras, en 1097, LAMBERT, *Lambertus*.

On rencontre un N chez Manassès, évêque de Meaux, en 1157, MELDEN, *Meldensis*.

En 1161-1170, le type d'Achard, évêque d'Avranches, présente un R, GR, *gratia*.

Un I se voit à la légende de Gautier, évêque de Laon, en 1163, DI pour *Dei*.

Sur le sceau de l'abbaye d'Anchin, en 1166, un S traversé d'un trait courbe entre les deux panses signifie *sigillum*.

La même abbaye, en 1172, donne la lettre L dans ECLE, *ecclesie*.

SIGILLV représente *sigillum* dans le type de Robert IV, comte d'Auvergne, en 1182.

La lettre B coupée par un trait semblable figure au sceau de Robert de Wavrin, sénéchal de Flandre, en 1193, ROBTI, *Roberti*.

Un B minuscule se voit au sceau du chapitre de Pamiers, en 1226.

La légende du sceau de l'église de Guitry, en 1285, offre la lettre M, dont la queue est traversée par un trait courbe.

Par le signe abréviatif qui suit les lettres, nous entendons surtout une sorte d'apostrophe ' telle qu'elle est figurée dans la lettre S', sans en faire partie intégrale, exprimant *sigillum* dans les types de Gui, chantre de Cambrai, en 1010; de Gérard, archidiacre de

Valenciennes, en 1215, et de Jeanne de Garlande, en 1230, etc. La lettre S ne comporte pas seule l'apostrophe abréviative; ce signe accompagne d'autres caractères, des B', des C', des N', des Q'. La légende de Pierre, fils de Robert II, comte de Dreux, en 1212, fournit un exemple de l'emploi simultané des trois premiers : .... ROB'TI DROC' ⁊ BRAN' .... *Roberti Drocensis et Brane.*

Les inscriptions des sceaux présentent fréquemment un signe en forme de 9 qui se met au rang des lettres et s'emploie au commencement ou à la fin des mots. Il exprime *com, cum, cons, cont, contra,* lorsqu'il est placé à la tête du mot, et signifie *us* lorsqu'il se trouve à la fin. Le signe 9 abrégeant le commencement du mot paraît assez tard sur les sceaux. Nous le remarquons pour la première fois dans la légende de la ville de Ham, en 1223, 9MVNIE HAMENSIS, *communie Hamensis.* Le prieuré de Saint-Christophe-en-Halate, en 1240, offre le mot *conventus* ainsi écrit : 9VENT. Au contre-sceau de Jean de Sours, en 1260, on lit 9 SIG', pour *contra sigillum.* L'abréviation 9 figure deux fois sur le sceau du gardien des Franciscains de Condom, en 1266 : S' GARDIĀI 9V̄ET FRŌ MINOR' S' F D' 9DOM, *sigillum gardiani conventus fratrum minorum sancti Francisci de Condomio.* Cette abréviation initiale, encore rare au XIIIe siècle, devient plus fréquente aux siècles suivants. L'usage de la terminaison 9, *us*, date de bien plus loin. On la trouve, dès 1035, au sceau de Henri Ier, roi de France, HEINRIC9, *Heinricus;* de Philippe Ier, en 1068, PHILIP9, *Philipus;* d'Achard, évêque d'Avranches, en 1161-1171, ACHARD9, *Achardus.* Nous n'avons rencontré que fort rarement l'abréviation 9, signifiant *con*, au milieu du mot VI9TE, *vicomte.* De même nous ne connaissons que peu d'exemples de la terminaison *us* exprimée par une sorte de ʒ; il s'en trouve un dans la légende d'Agnès, femme de Jean de Bois-Jérôme, en 1280, au mot DOMIBʒ, *domibus.*

Divers signes remplacent la conjonction *et.* Nous signalerons d'abord le plus ancien. Il figure sur le sceau d'Arthur Ier, duc de Bretagne, en 1199. Sa forme est celle du chiffre 7, ou plutôt d'un z dont on aurait retranché la barre horizontale inférieure : 7. En 1212, dans la légende de Pierre, fils de Robert II, comte de Dreux, la même conjonction est représentée par le signe ⁊; c'est le précédent à angles arrondis. Au XIVe siècle, le sigle majuscule *et* consiste en une sorte de z, comme dans le type de Philippe de Valois et d'Anjou en 1319, ou bien en un z coupé par une traverse horizontale ƶ, que l'on rencontre dans le type delphinal de Charles V, en 1376. Dans la minuscule gothique, il présente tantôt la figure d'un *t* écrit et orné à la façon gothique ⁊, comme au sceau de Jean, duc de Berry, en 1379; tantôt il rappelle la forme majuscule précédente z, comme au sceau de Louis II, duc de Bourbon, en 1394. Il sert de plus, en le faisant suivre d'un *c*, à figurer les *et cetera*, ⁊c, dont le sceau de René d'Anjou, en 1436, offre un exemple. La majuscule de la Renaissance emploie également la figure z pour exprimer *et* ou *et cetera*. Le type de majesté de Maximilien, en 1513, en fournit des spécimens.

Un signe particulier a remplacé quelquefois la conjonction *que*. Au XIVe siècle, on a employé la minuscule *q* liée à une sorte de signe dérivé du point et virgule, q;. Le sceau de Jean, dauphin de Viennois, en 1310, permet de s'en assurer. La minuscule gothique a suivi les mêmes errements. La légende de Charles d'Orléans et de Valois, en 1444, reproduit ainsi le mot *que*, q;. La capitale de la Renaissance le représente encore formé des mêmes éléments, Q;, comme on peut le voir sur le sceau de Louis, duc d'Orléans, de Milan et de Valois, en 1485.

Nous donnerons quelques exemples de l'emploi des signes abréviatifs, selon qu'ils marquent une lettre placée au commencement ou dans le corps du mot. Nous ne dirons rien de ceux qui se trouvent à la fin, le sens venant en aide au lecteur. Pour ceux-ci, comme pour les exceptions, nous renvoyons à la liste des mots abrégés placée à la fin de la présente introduction. Il est bien entendu que nous n'avons pas la prétention d'établir des règles; nous ne consignons ici que nos propres observations.

Faisons remarquer, avant d'aborder les détails, qu'en sigillographie la plupart des signes abréviatifs n'ont pas une attribution spéciale à chacun d'eux. Leur effet est surtout général, quelles que soient leur figure et leur place. Différentes abréviations peuvent répondre à une même syllabe ou à un même mot, et la même abréviation peut s'appliquer à des syllabes ou à des mots différents. Ainsi *per* s'écrit indifféremment P̄, ꝑ, P'. Pour signifier *par*, tout aussi bien que *pel*, *per* et *pro*, on emploie le ꝑ à la queue barrée; il sert même bien souvent dans *episcopus*, qu'on écrit EꝑS.

Ā, au commencement et dans le corps du mot, exprime *am*, *an* : ĀBIAÑ, *Ambianensis;* ĀDEG', *Andegavensis;* CĀPAÑ, *Campanie;* FRĀCOR', *Francorum;* et, par inversion, *ma*, *na* : ROĀNOR, *Romanorum;* MOĀCHI, *monachi*.

B̄, B', B, au commencement du mot, *ber*, *bru* : B̄RNART, *Bernart;* B'GEN, *Bergensis;* B̄XELENSIS, *Bruxelensis;* dans le corps du mot, *ber* : AVB̄TI, *Auberti;* par inversion, *bre* : OB̄CICT̄, *Obrecicort*. Il redouble quelquefois seulement la lettre : AB̄ATIS, *abbatis*.

C̄, C', au commencement, *ce*, *con*, *cra* : C̄VALERS, *cevalers;* C̄TE, *conte;* C MEL, *Cramellis;* au milieu, *cer*, *cre*, *cri*, *cum* : SAC'DOS, *sacerdos;* SEC̄TV, *secretum;* SC̄BENTIS, *scribentis;* LOC̄TEN, *locumtenentis*.

D̄, D', au commencement, *de*, *do* : D'CANI, *decani;* D̄MIORVM, *dominorum;* au milieu, *de*, *der*, *din*, *dre* : AD'CVESIS, *Andecavensis;* DESID̄II, *Desiderii;* ORD'IS, *ordinis;* FLAD̄S, *Flandres*. Il redouble la lettre dans RVD'ERE, *ruddere*.

Ē, E', au commencement, *en* : ĒGOL, *Engolismensis;* au milieu, *em*, *en*, *er*, *ere*, *es* : SEꝑ, *semper;* BERĒGARII, *Berengarii;* FLAMĒMO., *Flamermont;* HĒDIS, *heredis;* PRĒBITERI, *presbiteri;* par inversion, *nc* : CIC̄IO, *Cincio*.

F̄, au commencement, *fer*, *fre* ou *fri* : F̄RARIA, *Ferraria;* F̄DICI, *Frederici*.

G̅, G', au commencement, *gen*, *ger*, *gra* : G̅ERALIS, *generalis*; G̅MANI, *Germani*; G̅CIE, *gracie*; au milieu, *ger*, *gist*, *gu*, *gra* : GAVG̅ICI, *Gaugerici*; MAG'R, *magister*; MAG̅O, *magno*; NIG̅CVRTE, *Nigracurte*.

Ħ, au commencement, *hen*, *her*, *hu* : ĦRICI, *Henrici*; ĦBTI, *Herberti*; ĦG, *Hugonis*; au milieu, *ha*, *han*, *he*, *her* : CĦNNI, *Channi*; IOĦIS, *Johannis*; MATĦI, *Mathei*; TĦSAVRII, *thesaurarii*; GĦARDI, *Gherardi*.

Ī, au commencement et au milieu, *im*, et surtout *in* : SĪPHO-RIANVS, *Simphorianus*; ĪSVLA, *Insula*; CANTĪPRE, *Cantinpré*; ꝑVĪCIE, *Provincie*; et, par inversion, *mi*, *ni* : COĪTIS, *comitis*; CA-NOĪCI, *canonici*. On rencontre aussi *eri*, *ri* : BVXĪA, *Buxeria*; DOC-TOIS̄, *doctoris*.

K', au commencement, *ka*, *ker* : K'ROLI, *Karoli*; K'COVE, *Kercove*; au milieu, *ker* : DVNK'KE, *Dunkerke*.

Ł, Ƚ, au commencement, *le*, *les* : ȽCT, *lector*; ȽPICIERE, *l'Espiciere*; au milieu, *le*, *ler*, *les*, *los* : EȽTI, *electi*; CȽICI, *clerici*; ECCȽIE, *ecclesie*; THOȽA, *Tholosa*; par inversion, *il*, *ul* : MȽITIS, *militis*; CAPITȽI, *capituli*. Redoublement : VAȽIS, *Vallis*.

ȽȽ, au milieu, *lla*, *llan*, *llar*, *lle*, *llel* ou *ller*, *llis* : VIȽȽGENART, *Villagenart*; CABEȽȽI, *Cambellani*; NIGEȽȽN, *Nigellensis*; WIȽȽ-MVS, *Willelmus* ou *Willermus*; TOȽȽS, *tollis*; par inversion, *ell*, *ill* : MARCȽȽI, *Marcelli*; WȽȽ, *Willelmus*.

M̄, M', au commencement, *ma*, *mar*, *mel* ou *mer* : M̄GR, *magister*; M̄TINI, *Martini*; M'LOTO, *Melloto* ou *Merloto*; au milieu, *man*, *mar*, *men*, *mer*, *mur* : NORM̄DIE, *Normandie*; IAKEM̄T, *Jakemart*; REM̄SIS, *Remensis*; TEMM'MAN, *Temmerman*; NAM̄CI, *Namurci*. Redoublement : GEM̄E, *gemme*.

N, N', au commencement, *nos* : N̄RI, *nostri*; au milieu, *nen*, *no* : LAVDVN̄SIS, *Laudunensis*; HON̄COVRTE, *Honocourte*; et aussi *ener*, *ran* : GN̄ALIS, *generalis*; GN̄C', *Grancia*. Redoublement : VA-REN̄ES, *Varennes*.

Ō. Nous ne connaissons pas d'O marqué d'un signe abréviatif

au commencement d'un mot. Au milieu, *om*, *omi*, *on*, *ou* : **PŌPONE**, *Pompone;* **DŌNI**, *domini;* **CŌSVLV̄**, *consulum;* **CŌD̄**, *Coudun;* par inversion, *io*, *no* : **MISERATŌE**, *miseratione;* **MIŌR**, *minorum*.

P̄, **P'**, **ꝑ**, au commencement, *par*, *pe*, *per*, *pr*, *pra*, *pre*, *pres*, *pri*, *pro* : **ꝑiens**, *Parisiensis;* **ꝑRONA**, *Perona;* **ꝑiti**, *periti;* **P̄IORIS**, *prioris;* **P̄TIS**, *pratis;* **P̄POI**, *prepositi;* **P̄BRI**, *presbiteri;* **P̄MOGEITI**, *primogeniti;* **ꝑPE**, *prope;* au milieu, *par*, *pel*, *per*, *pro* : **PELLIꝑII**, *pelliparii;* **CAꝑLE**, *capelle;* **AꝑTOS**, *apertos;* **LEꝑSOR**, *leprosorum*. On le trouve employé comme lettre grecque **P** dans **XP̄S**, *Christus;* **XP̄IANI**, *Christiani*.

Q̄, **Ql**, **Q'**, au commencement, *que*, *qui*, *quo* : **Q̄VILLI**, *Quevilli;* **QlTERI**, *Quiteri;* **Q̄NDAM**, *quondam;* au milieu, *qua*, *que*, *qui* : **SEQ'AM**, *Sequanam;* **PESQ'LOQVE**, *Pesqueloque;* **GAVQ̄LINI**, *Gauquelini;* **ESQ̄ER**, *esquier*.

R̄, **R'**, **R'**, au commencement, *re* : **R'NIER**, *Renier;* **R̄GIS**, *regis;* au milieu, *ra*, *re*, *ron* : **FR'TRIS**, *fratris;* **SECR̄TV̄**, *secretum;* **HAIR'VAL**, *Haironval;* par inversion, *er* : **THEODR̄ICI**, *Theoderici*. Redoublement : **TER̄A**, *terra*.

S', **S̄**, au commencement, *san*, *ser* : **S̄CE**, *sancte;* **S'VV̄**, *servum;* **S'GEN**, *sergent;* au milieu, *ser* : **MIS'ATOE**, *miseratione*. Redoublement : **RAS̄E**, *Rasse*.

T̄, **T'**, **Ŧ**, au commencement, *tar*, *ter*, *tra*, *tre*, *tri*, *tur* : **ŦDIF**, *Tardif;* **T̄VAN**, *Tervanensis;* **T̄SIGNIES**, *Trasignies;* **T̄CEN̄**, *Trecensis;* **T̄NIT̄**, *Trinitatis;* **T̄RE**, *Turre;* au milieu, *tar*, *ter*, *tra*, *tre*, *tri*, *tro*, *tur*, *turc* : **NECT̄I**, *Nectari;* **LICŦARV̄**, *Licterarum;* **ST̄TIS**, *stratis;* **BEŦMIEV**, *Betremieu;* **VŦVSQ**, *utriusque;* **PET̄NILE**, *Petronille;* **CAT̄EN̄**, *Caturcensis*.

V̄, **V'**, **V'**, au commencement, *un*, *ver*, *vi*, *vir* : **V̄IV̄SITATIS**, *universitatis;* **V̄VIN**, *Vervin;* **V'DVE**, *vidue;* **V̄GVLTO**, *virgulto;* au milieu, *um*, *un*, *uo*, *ver*, *vern* : **COLV̄BN**, *Columbensis;* **BRV̄VILER**, *Brunviler;* **QV̄D**, *quod;* **NIV̄N**, *Nivernensis;* **ALV'IA**, *Alvernia*.

W', au commencement, *willel*, *wir* : **W'MVS**, *Willelmus;* **W'TON**, *Wirton*.

X̄, au commencement, employé comme lettre grecque dans X̄PE et X̄ANI, *Christe* et *Christiani*.

Y et Z n'ont pas, croyons-nous, reçu de signes abréviatifs.

DISPOSITION MATÉRIELLE DES LÉGENDES.

Les légendes suivent d'ordinaire le contour extérieur du sceau. Elles sont par conséquent, selon la forme des types, circulaires, ogivales, ovalaires, triangulaires, carrées, en losange, polygonales, festonnées, etc. En général, elles occupent une seule ligne. Lorsque cette seule ligne est insuffisante, elles envahissent le champ. On en rencontre même sur deux lignes, principalement dans les types circulaires.

Il est, croyons-nous, inutile de montrer des spécimens de légendes simples contenues dans la bordure du sceau; mais nous dirons quelques mots de celles qui, n'ayant pu trouver une place suffisante sur le contour du type, finissent dans le champ, et parfois même, ce qui est plus rare, y commencent. Sur le sceau aux causes de l'abbaye de Marchiennes, en 1311, l'inscription finit dans le champ par quatre lignes horizontales :

AD
CA
SV
AS

Ad causas.

La légende de Raoul, fils de Barthélemy Le Bret, en 1227, se termine dans le champ en trois lignes :

MEI
LE BR
ET

[*Bartholo*]*mei Le Bret.*

Dans le type du chapitre de Saint-Pierre d'Anderlecht, en 1195, la fin de la légende se trouve transportée sur une banderole que tient le saint patron. On lit autour du sceau : SIGILVM ANDARLECTENSIS ECCE BEATI, *sigillum Andarlectensis ecclesie beati*, et sur la banderole : PETRI, *Petri*.

Un exemple de légende commençant dans le champ se voit au deuxième contre-sceau de l'officialité de Meaux, en 1254. Au milieu est écrit CVRIA, *curia*, et autour MELDENSIS, *Meldensis*. Le même fait, mais plus curieux, se présente dans le type de Garnier, doyen de Sarcelles, en 1219. Le nom du doyen est ainsi gravé en monogramme dans le champ :  *Garnerius;* la suite de l'inscription, DECANVS · DE · CERCELLA, *decanus de Cercella*, occupe la place habituelle sur le contour du sceau.

Un monogramme se trouve également dans le champ, au sceau d'Hervé de Montmorency, doyen de Notre-Dame de Paris, en 1192 : seulement, ici, il est indépendant de la légende. Le type offre cette particularité que l'inscription, en ogive comme le sceau, s'interrompt à sa moitié après le mot *Hervei*, continue dans un cercle qui renferme le monogramme et reprend ensuite la seconde moitié de l'ogive, où elle finit. En voici la disposition :

Au centre, le monogramme : *Herveus*. A droite, le commencement de la légende : *sigillum Hervei.* La suite, dans l'inscription circulaire qui entoure le monogramme : *de Monte Morentiaco.* A gauche, sa fin : *Parisiensis decani.*

Le sceau du chapitre de Notre-Dame de Paris, en 1216, offre au centre un autre monogramme au nom de Marie : *Ave Maria,* et porte sur son contour la date de son renouvellement.

L'inscription complète de la légende proprement dite à sa place ordinaire n'exclut donc pas la présence d'autres textes dans le champ. Il n'est pas rare, en effet, d'y rencontrer des caractères tantôt symboliques, comme A et ω, *alpha* et *oméga*, tantôt désignant le personnage figuré. Les lettres grecques A et ω accostent la Vierge, dans le type du chapitre d'Évreux, au XIIe siècle; elles accostent une fleur de lys, au contre-sceau de Geoffroi de Tressi, évêque de Meaux, en 1209. En 1151-1161, l'image de l'évêque d'Auxerre, Alain, est accompagnée des lettres **ALA NVS**, composant son nom, *Alanus.* De même, aux côtés de la figure de Guillaume, évêque d'Avranches, en 1198-1210, on lit : **PT OL**, *Ptolemeus,* son surnom. Dans le type de l'abbaye de Cysoing, le saint patron est accosté des mots **S CALIXTVS**, *sanctus Calixtus.*

Des inscriptions dans le champ reproduisent encore des textes liturgiques, une maxime, une sentence que s'est appropriée le possesseur, ou même sa devise. C'est ainsi que dans le type de Jean, abbé de Saint-Augustin de Térouane, en 1381, on remarque sur les genoux de l'évêque d'Hippone, une inscription portant **SVRSVM CORDA HABEMVS**..., *sursum corda habemus*..., et l'abbé tient une banderole avec ces mots : **REGE GREGEM TVVM**, *rege gregem tuum.*

L'invocation **DA PACE DONE**, *da pacem, Domine,* se lit dans le champ au sceau de Nicaise Cuvelier, procureur d'Artois au bailliage de Saint-Omer, en 1365. La bannière de Jean de Ligne, sire de Bailleul et chambellan du roi, en 1406, porte sa devise : **Faire le doy**, *Faire le doy.*

D'autres sceaux désignent le monument ou l'objet figurés. En effet, au type de l'officialité de Soissons, en 1243, le mot *Suessio*, en deux lignes, se trouve gravé sous le monument représenté :

SVES
SIO

Au bas du sceau du chapitre de Cantorbéry, on remarque l'inscription, *muri metropolis isti*. Le bras du martyr, reproduit sur le sceau du chapitre de Saint-Mammès de Langres, est accosté de ces mots : *brachium beati Mammetis*.

Certaines inscriptions dans le champ expliquent l'action qui s'y passe. Le sceau de Conon de Béthune, en 1202, représente un hommage et porte le mot MERCI, *merci*. Le mot IVRA, *jura*, se lit au-dessus d'un personnage qui fait prêter un serment, dans le type de l'officialité de Cahors, en 1209.

Quelques-unes énoncent la date de la fabrication du sceau, comme dans le type du chapitre de Notre-Dame de Paris, où la date 1222 est ainsi désignée :

M̃
C·C
XXII·

Le chapitre de Saint-Outrille de Bourges, en 1236, représente le saint accosté de A D' M̃ C·C — X·X IX, *anno Domini 1229*, sur deux lignes verticales.

Nous avons dit qu'il existait des légendes doubles, surtout dans les types circulaires. Les inscriptions concentriques ont été employées lorsqu'une ligne ne pouvait renfermer le nom, les titres et les qualités du personnage, comme c'est le cas, par exemple, sur les grands sceaux de Philippe le Bon, de Charles le Téméraire et de sa fille Marie. D'autres fois, dans ces sortes de légendes, une ligne est consacrée au nom et à la qualité du possesseur, tandis que l'autre contient une sentence pieuse, une invocation. Au sceau ogival de Pierre de Colmieu, prévôt du chapitre de Saint-Omer, en 1236, on lit à la ligne extérieure : **NOTAM FAC MICHI DOMINE VIĀ IN QVAM AMBVLEM**, *notam fac michi, Domine, viam in quam ambulem*, et à la ligne intérieure : **S' PETRI DE COLL' ME'O PREPOĪ S' AVDOM**, *sigillum Petri de Collemedio, prepositi Sancti Audomari*. Il est des cas spéciaux où l'une des deux lignes traduit en un autre idiome la ligne qu'elle accompagne. Le type de Philippe, fils de Baudouin, empereur de Constantinople, porte deux légendes concentriques. L'extérieure est en langue latine; l'intérieure, en grec, donne la traduction de l'inscription latine :

S PHILIPI FIL..... IMPERA..... HEREDIS IPII

Sigillum Philippi, filii ..... imperatoris .... heredis imperii.

CΦP' ΦIL ΠOPΦVR.....

Σφραγὶς Φιλίππου..... Πορφυρογεννήτου.....

On rencontre certains sceaux portant leur légende entière écrite dans le champ en lignes horizontales. Ces inscriptions transversales se remarquent sur les bulles papales. Le revers du type ogival de Hugues II, archevêque d'Arles, en 1214, présente une légende ainsi figurée :

Sigillum sancti Trophimi, Ihesu Christi discipuli.

Des inscriptions verticales se voient aux bulles des papes dans les mots

S P Ꞓ T et S P A V

Sanctus Petrus. *Sanctus Paulus.*

Dans le type du chapitre de Saint-Mammès de Langres, en 1307, le bras du martyr est encore accosté d'une inscription verticale, mais les lettres sont posées dans le sens transversal, et les deux côtés de l'inscription se font vis-à-vis :

BRACHIV. BI MĀMETIS

Brachium beati Mammetis.

Citons encore, comme une exception des plus rares, une légende gravée sur la tranche d'un sceau. Le fragment du type de saint Thomas de Cantorbéry, en 1263, conservé aux Archives nationales, porte sur la tranche une inscription dont il ne subsiste malheureusement que les lettres GRA répétées deux fois.

Il nous reste à mentionner, en terminant, une disposition des légendes toute particulière. Nous voulons parler des inscriptions placées sur un ruban ou phylactère enroulé à ses extrémités, et qui suit d'abord assez régulièrement le contour du sceau; mais, à mesure qu'on avance dans le XVIe siècle, l'espèce de banderole qui porte les caractères se mouvemente, se replie sur elle-même, décrivant des festons, des guirlandes tordues, les circuits les plus capricieux. On conçoit les difficultés de lecture qui en résultent.

Lorsque nous avons traité de la ponctuation, l'endroit où commence la légende a été déterminé. Son point de départ se trouve à la partie supérieure du sceau. Il en est généralement ainsi, sauf quelques exceptions, que nous ne devons point passer sous silence.

Dans le type de Thierri III, en 688-691, la légende commence en bas. Il en est de même au sceau de Charles le Simple, en 921. Cette irrégularité, que l'on remarque de loin en loin à toutes les époques, devient plus fréquente à la Renaissance. Les sceaux de Jean l'Entailleur, abbé d'Anchin, en 1564, d'Arnoul Gantois, abbé de Marchiennes, en 1565, présentent des inscriptions débutant à la partie inférieure. Pour les légendes à circuits accidentés, il n'existe pas de règle fixe; le point de départ est même quelquefois difficile à découvrir.

La lecture doit donc en général commencer par la partie supérieure à droite, en suivant le contour, pour se terminer à la partie supérieure gauche. Les lettres ayant leur base dirigée en dedans, vers le centre du sceau, la légende offre la même direction que les lignes d'un livre.

C'est par un accident des plus rares qu'une légende se trouve disposée pour être lue extérieurement. Les lettres ont alors leur sommet dirigé vers le champ du sceau, comme dans le type du chapitre de Saint-André d'Avranches, en 1163.

✠ ZIGILLVM : ABRINCENSIS : ÆCLLÆ

Sigillum Abrincensis ecclesiæ.

D'autres irrégularités sont à signaler dans les inscriptions des sceaux, irrégularités dues au caprice ou plutôt à l'imprévoyance du graveur. La plus ordinaire consiste dans des lettres tournées à gauche, comme S, dans SIGILLVM, *sigillum*, au sceau de Simon de Montfort, en 1195, et dans MAhIVS, *Mahius*, au sceau de Mahieu de Buires, en 1220. Ce n'est pas la première fois qu'on rencontre des S tournés en sens contraire. Les types des rois mérovingiens, Dagobert, Childéric, Childebert, en offrent des exemples dans leurs légendes. Les N onciales dans INSVLN, *Insulensis*, et PERONEN, *Peronensis*, au type de Jean, châtelain de Lille et de Péronne, en 1237, présentent une anomalie semblable. Quelquefois la même irrégularité atteint la légende entière. Sur le sceau de Jean d'Acy, en 1223, l'inscription porte ...AD • SENNAOI • MVJ..., qui doit se lire ...LVM • IOANNES DA.., *sigillum Johannes d'Aci*... Le graveur a écrit sur la matrice la légende telle qu'elle doit être lue, de sorte que sur la cire elle se trouve reproduite en sens contraire.

Il peut arriver encore que, par l'incurie du graveur, la légende soit figurée de droite à gauche, sans que les lettres suivent toutes la même direction, comme au sceau de Nicolas de Champagnes, en 1269, ..INAPAD : SED : ALLOCIN : S', qu'il faut lire : S' NICOLLA : DES : CAPANI.., *scel Nicolla des Campanies*. Les lettres C, LL, E, P ne participent pas à la disposition générale.

Parfois c'est un mot entier dont les caractères sont intervertis de telle sorte que la lettre qui devrait être la dernière devient la première, l'avant-dernière la seconde, et ainsi de suite jusqu'à la dernière place : IPX figure pour XPI, *Christi*, dans le type du chapitre de Saint-Quentin, en 1178.

On remarque aussi quelques lettres couchées, surtout des S. Au revers du type de Raimond Roger, comte de Foix, en 1215, trois S sont ainsi figurés ∽. ...COMITI∽ : FVX∽EN∽.., ... *comitis Fuxsensis*. En 1251, sur le sceau d'un clerc du Languedoc, nommé Raimond Capellier, on lit : ∽ MAGI∽TRI... *sigillum magistri*...

Un Z couché, N, se voit au sceau de Jean de Baizi, au XIVe siècle, BAINI.

Certaines légendes présentent encore des lettres gravées la tête en bas, soit isolées, soit constituant un mot et quelquefois la légende entière. Le sceau de Renaud de la Baste, chevalier, offre, en 1243, un M ainsi retourné W : S' REGINALDI · DE · WERROLES, *sigillum Reginaldi de Merroles.* Dans le type de Chilpéric II, en 716, le mot *Francorum* est écrit LKWNJ, pour FRANC. Sur le sceau de Gui le Forestier, après 1150, le graveur a retourné toutes les lettres de la légende : SITTO) GALOONIS LOKGSLWKII, pour SILLO) GVI'OONIS FORESTARII, *sigillum Guidonis Forestarii.* Cette inscription paraît en effet sens dessus dessous; les têtes des lettres regardent l'intérieur du type, contrairement à leur disposition habituelle. Elle se compose simplement de caractères tournés à gauche, si on la lit en dehors en commençant par la droite.

LANGUE DES LÉGENDES.

Il n'est pas indifférent pour le lecteur de connaître l'idiome employé dans une légende. C'est à ce titre que nous dirons quelques mots de la langue à laquelle appartiennent les inscriptions des sceaux, bien qu'un tel sujet n'entre pas d'ordinaire dans le cadre d'une paléographie.

L'emploi du latin a été le plus ancien et est demeuré le plus fréquent; la langue latine n'a jamais cessé d'être en usage.

Des légendes en langue vulgaire se rencontrent dès 1210. Au contre-sceau de Blanche de Navarre, femme de Thibaud III, comte de Champagne, on lit à cette date : PASSAVANT LE MEILLOR, *Passavant le meillor.* En 1218, Grégoire, chanoine de Paris, fait graver sur son sceau : OISEAV VA MI A MON AMI, *oiseau va mi à mon ami.* L'inscription du sceau de Thibaud du Déluge, chevalier, en 1237 porte ..IBAVT DOV DELOVGE, ..*ibaut dou Delouge.* A la date de 1239, la légende de Philippe, femme de Hugues d'Antoing, s'exprime ainsi : **S' PHELIPE DE HAINES DAME DANTOIG**, *seel Phelipe de Haines, dame d'Antoing*. Nous rappellerons que, dès 1202, le mot français **MERCI**, *merci*, figure en exergue dans le type de Conon de Béthune, frère de l'avoué d'Arras. Ajoutons, toutefois, que la légende circulaire de ce type appartient à la forme latine.

Le passage du latin à la langue vulgaire ne s'est pas opéré brusquement, sans transition. On voit apparaître des légendes mixtes, latines-françaises, vers la fin du règne de Louis le Jeune. En 1177, nous lisons sur le sceau d'Adam de Walincourt : **SIGILLVM ADE DE WALLENCVRT**, *sigillum Ade de Wallencurt;* en 1179, sur le sceau d'Eudes de Ham : **SIGILL DOMINI ODONIS DE HAM**, *sigillum domini Odonis de Ham;* et ainsi de suite, en 1180 : **S HEDEVE DE MONCI**, *sigillum Hedeve de Monci;* en 1181 : **SIGILLVM WALTERO DE BOZIES**, *sigillum Waltero de Bozies*. Il serait facile de multiplier les citations. Nous ferons seulement remarquer que c'est le nom de la seigneurie, le nom géographique du fief, que les légendes ont commencé de désigner en langue vulgaire.

Les prénoms en français ne se rencontrent que plus tard, comme par exemple au sceau de Guillaume de Cayeux, sire de Carency, en 1226, sur lequel on lit : **SIGILLM GVILLEVME DE CAVES**, *sigillum Guilleume de Caues*.

Au delà des Pyrénées, les seigneurs emploient souvent des légendes en langue vulgaire. Dans le type d'un alcade de Tolède, en 1347, l'inscription porte, en suivant le contour festonné du sceau : **SELLO DE DIEGO ARELA DE TOLEDO**, *sello de Diego Arela de Toledo*. Au sceau de don Alvarez de Luna, en 1435, on lit : **sello de don alvar de luna condestable de castilla conde de sant estevan**, *sello de don Alvar de Luna, condestable de Castille, conde de Sant Estevan*. La légende espagnole de Rodrigo Diaz de los Canberos, en 1223-1226, commence par le mot latin *sigillum :* **SIGILLVM RODRIGO DIAZ DE LOS CANBEROS**.

Une inscription dans un vieux dialecte allemand se voit au sceau des boulangers de Cologne, en 1396 : **segel der becker tzo colen,** *Segel der Becker tzo Colen.* D'autres types, appartenant à des seigneurs lorrains, tels que Gérard d'Esche, Henri et Jacques de Fenestrange, en 1425, offrent des légendes en allemand. Sur le sceau d'Ulric, seigneur de Fenestrange, en 1363, l'inscription en allemand présente à son commencement le mot latin *sigillum.*

Il n'est pas rare de rencontrer, dans les types du nord de la France ou des Pays-Bas, des inscriptions en flamand. Le sceau des ceinturiers de Bruges, en 1407, porte : **✱ DITS : DIE · ZEGHEL · VĀ · DER · RIEMAKER · VĀ · BRVGH,** *Dits die zeghel van der riemaker van Brughe.*

Deux bulles de Baudouin, empereur de Constantinople, portent à leur revers, en 1247 et 1268, l'inscription grecque :

ΒΑΛΔΟΥΙΝΟC·ΔΕCΠΟΤΗC·ΠΟΡΦΙΡΟΓΕΝΝΗΤΟCΟΦΛΑΝΔΡΑC

Βαλδοῦινος δεσπότης Πορφιρογέννητος ὁ Φλάνδρας.

Sur le sceau de Philippe, fils de ce même empereur, on trouve, à la date de 1263, deux légendes concentriques, l'extérieure en latin, l'intérieure en langue grecque, traduisant la légende latine.

Nous ne connaissons qu'une seule légende hébraïque inscrite sur un sceau appendu à un acte. Elle figure au bas d'une pierre byzantine gravée dont se servait le prieur de la Charité-sur-Loire, en 1270, et se traduit par *Immânouï-él,* « avec nous Dieu ». M. de Longpérier et, tout récemment, M. Saige ont publié plusieurs inscriptions juives. Toutes sont empruntées à des matrices de sceaux conservées dans différents musées ou chez des collectionneurs.

On peut voir aux Archives nationales le cachet du sultan Mustapha III, en 1762; c'est un chiffre en caractères arabes entrelacés.

Des réparations exécutées à la cathédrale de Séez, il y a quelques années, ont amené la découverte d'une matrice de sceau ayant appartenu à l'un des patriarches d'Arménie du nom de Constantin. Sa légende est écrite dans la langue du pays.

Nous arrêtons ici cette énumération. Est-ce à dire qu'il n'existe pas d'inscriptions en d'autres idiomes? Nous ne parlons que des monuments qui nous sont passés sous les yeux.

LISTE ALPHABÉTIQUE DES MOTS ABRÉGÉS.

A, *Ade, Alfonsi, Andree, Arnaldi, Aymarus.*

AB', ABĀTIS, *abbatis.*

ABĀTISSE, *abbatisse.*

ABB', ABB, abbā, abbais, ABBAT, abbat', ÆBBATĒ, ABBATISS, ABB'E, ABBI, *abbatis, abbatisse.*

ABBĪE, *abbatie.*

ABB'IS, ABBĪS, abbis, *abbatis.*

ABB'ISSE, ABBĪSSE, *abbatisse.*

ABBĪSVILL, ABB'ISVILLE, *Abbatisvilla, Abbatisville.*

ABB'S, *abbas.*

ABBTIS, abbtis, *abbatis.*

ABBVILL, ABB'VILLA, *Abbatisvilla.*

ABEVILL, *Abeville.*

ĀBIAÑ, ĀBIAN'S, *Ambianensis.*

ABĪS, *abbatis.*

ĀBOCHT, *ambochte.*

ABRIN, ABRINC, ABRINCEÑ, ÆBRINCENCI, ABRINCENS', *Abrincensis.*

ABSĒTIA, *absentia.*

ab'tis, *abbatis.*

ĀBVLĒ, *ambulem.*

ACAD, *academie.*

ĀCHAGLI, *archangeli.*

acheol, *Acheoli.*

ACHID', *archidiaconi.*

āchin, *Anchin.*

acquitaie, *Acquitanie.*

ADA, *Adam.*

AIECAVESIS, *Andecavensis.*

ĀDEG, *Andegavensis.*

ADMI, ADMINISTRAT, *administratoris.*

ADMONIAL, *admonialium.*

ADRIĀ, *Adriaen.*

ĀDRIE, *Andrie.*

ADVOC̄, ADVOCAT̄, *advocati.*

AE, *Aleaume.*

ÆCCLÆ, ÆCCLIE, ÆCLE, *æcclesiæ, æcclesie.*

AEL, *Aelidis.*

AGATH, *Agathe.*

AGATHN, *Agathensis.*

ĀGELIACEÑ, *Angeliacensis.*

AGEN', *Agenuensis.*
ÃGIACI, *Angiaci.*
ãgietes, *Angietes.*
ÃGELIACEÑ, *Angeliacensis.*
ÃGLICANE, *Anglicane.*
AGNÊ, *Agnetis.*
AGREMÕ, *Agremont.*
AGS, *Augustus.*
AL, *Alluye.*
ALB', *Alberti.*
ALBAÑ, ALBANEÑ, *Albanensis.*
ALBIEN, *Albiensis.*
ALBIN, *Albiniaco.*
ALBOMÕTE, *Albomonte.*
ALBOÑ, *Albonensis.*
ALBÕNOCO, *Albornoco.*
ALB̃TI, ALB'TI, ALBTI, *Alberti.*
ALCH, ALCHIACEN', *Alchiacensis.*
ALDBT⁹, *Aldebertus.*
ALDEGHON', *Aldeghonde.*
ALECON, ALENÕ, *Alenconii.*
ALẼSON, *Alenson.*
alexãdri, *Alexandri.*
ALG, *Algie.*
alixãdri, *Alixandri.*
ALMAR', *Almarici.*
ALMI, *Alermi.*
ALN', ALNET̃, *Alneto.*
ALN, *Alnensis.*
alnetẽn, *Alnetensis.*
ALSAC, *Alsacie.*
ALẼ, ALTISIODOR', *Altissiodorensis.*
ALTIVIL, *Altivillaris.*
ALVIA, *Alvernia.*
ALVNIE, *Alvernie.*

am, *Amiens.*
AMÃDO, *Amando.*
AMAVR', *Amaurici.*
AMB', amb, AMBIA', AMBIAÑSIS, AMBIAÑ, ambian, AMBIANE, AMBIANEÑ, ambianen, AMBIAÑSIS, *Ambianis, Ambianensis.*
AMBOSI, *Amberosi.*
AMEL, *Ameline.*
amiẽs, AMS', *Amiens.*
ANATO, *Anatolii.*
AND', *Andree.*
ANDECGYAR', *Andecgyarum.*
ANDEG̃, andẽg, ANDEGAVEN, ANDEGAVOR', ANDGAVIS, *Andegavensis, Andegavorum, Andegavis.*
ANDIG, *Andigavensis.*
ANDLIACV̄, *Andeliacum.*
ANDR', *Andrieu.*
ANFREVILL, *Anfrevilla.*
ANGEL, *Angelus.*
ANGELIACEN, *Angeliacensis.*
ANGL, angl', ANGLE, *Anglie.*
ANGLI, *Angeli.*
anglorũ, *Anglorum.*
ANICIEN, *Aniciensis.*
ANIS̃, *Anisiensis.*
ANNEVIL, *Anneville.*
ãno, *anno.*
ANTHÕE, *Anthoine.*
ANTOĨG, *Antoing.*
ANTON, *Antonius.*
ANTWERP̄, *Antwerpiensis.*
APAMIẼ, *Apamiensis.*

APOI, *apostolici.*

APD', *apud.*

APLI, *apostoli.*

APLICE, apl'ice, *apostolice.*

APLICI, *apostolici.*

APLORV, *apostolorum.*

APPAMIEN', *Appamiensis.*

APTOS, *apertos.*

AQS, *aquis.*

AQINCIO, *Aquincio.*

AQM, *aquam.*

AQVESIS, *Aquensis.*

AQVICINCTEN, *Aquicinctensis.*

AQVIT, aquitan, AQVITANOR', *Aquitanorum.*

AR', *archidiaconi.*

ARAG, *Aragonie.*

ARB, *Arbert.*

ARBAZIES, *Arbaziensis.*

ARC, ARCH, arch', *archidiaconi.*

ARCH, *archidux.*

ARCHI, ARCHID', *archidiaconi.*

archid, *archiducis, archiducisse.*

ARCHIDI, ARCHIDIA, ARCHIDIAC, ARCHIDIACH, ARCHIDIACO, ARCHIDIACOI, archidiacoi, *archidiaconi.*

ARCHIDIACON9, *archidiaconus.*

ARCHIDVC, *archiducis.*

ARCHIDVCV, archiducu, *archiducum.*

ARCHIEP, ARCHIEPC, ARCHIEPI, archiepi, ARCHIEPIS', ARCHIEPISCP, ARCHIEPS, *archiepiscopi, archiepiscopus.*

ARCHIPBI, ARCHIPBRI, ARCHIPRESBRI, ARCHIPSBITERI, *archipresbiteri.*

ARCHL, *archangelus.*

ARD, *Arduini.*

ARELAT, ARELATEN, ARELATESIS, ARELATN, *Arelatensis.*

ARENTIER, *Arentières.*

AREP, *archiepiscopi.*

AREVELS, *Arenvels.*

ARG', *Argentoni.*

ARG'ECIIS, *Argenciis.*

ARGENT, argentin, *Argentinensis.*

argethan, *Argenthan.*

ARIEN, *Ariensis.*

ARIEPI, *archiepiscopi.*

ARIESIS, *Ariensis.*

ARIET, *Arjenton.*

ARLON, *Arlonis.*

ARM, *Armaniaci.*

ARMADI, *Armandi.*

ARMGR, ARMIG', ARMIGI, ARMIG'RI, *armigeri.*

ARNLI, ARNVLP, ARNVLPH, *Arnulphi.*

ARPIS, *archiepiscopus.*

ARQRII, *Arquerii.*

ARTH, *Artche.*

arthes', *Arthesii.*

ARTIS', *Artisien.*

ARTVR9, *Arturus.*

ARVERNOR, *Arvernorum.*

ARVNIE, *Arvernie.*

ASAIL, *Ansaviler.*

ASTEN, asten, *Astensis.*

atbn. *Attrebatensis.*

ATH, *Athoyson.*
ĀTHON, ĀTHONIO, *Anthonio.*
ATQ, *atque.*
ATRABATĒN, *Atrabatensis.*
ATRABTE, *Austraberte.*
ATREB̄, ATREBAT̄, ATREBATEN̄, ATREBATENS̄, *Atrebatensis.*
ATT̄, ATT̄B, ATTBATEN̄, attbatēn, ATT̄BATN̄, *Attrebatensis.*
ATT̄BATV̄, *Atrebatum.*
ATTRABAT̄, *Attrabatensis.*
ATTREB', ATTREBAT̄, ATTREBATEN̄, attrebatēn, ATREBATN̄, ATTREBATSĪ, ATREBN', *Attrebato, Attrebatensis.*
AV, *Aurelianensis.*
AVĀ, *aquam.*
AVB', *Aubert.*
AVB̄TI, AVB'TI, *Auberti.*
AVD', aud', *Audoeni, Audomari, auditoris.*
AVDBERT, *Audbertus.*
AVDEGŌDE, AVDEGV̄DE, *Audegonde, Audegunde.*
AVDĪ, auditōis, AVDITOR', auditor', *auditoris.*
AVDO, AVDOM̄, AVDOMR, *Audomari, Audomaro, Audomarum.*
AVDON, *Audoeni.*
audōri, *Audomari.*
avēdale, *Arendale.*
AVĒN', *Avesnensis.*
AVESN̄, *Avesnis.*
AVG̅, AVG' AVG̅, *Augi, Augustini, Augustus.*
aūgne, *Auvergne.*

AVG̅S, *Augustus.*
AVG'VN, *Augerum.*
AVGVST, AVGVST9, *Augustus.*
AVIER', *Aujeron.*
AVIN̄, AVINIONEN, *Avinionis, Avinionensis.*
AVR', *Aurelianensis.*
AVRAICĒSIS, *Auraicensis.*
avrēches, *Avrenches.*
AVREL, AVRELIAN, AVRELIANENS, *Aurelianensis.*
avrenc, *Avrenches.*
AVREV̄, *aureum.*
AVS, *Austrie.*
AVSAL, *Ausalonis.*
AVST, ausť, AVSTR', austr, *Austria, Austrie.*
AVSTREG', *Austregesili.*
AVT, AVTI, AVTIS, AVTISIOD', AVTISS', AVTISSIOD', AVTISSIODOR', AVTISSIODOREN̄, *Autissiodorensis, Autissiodori.*
AVX, AVXITANEN, *Auxitanensis.*
AYMOĪS, *Aymonis.*

B, *baronnie, Bernardus, Bertrand.*
B̄, *bastart.*
B M, *Beate Marie.*
B T, *Beati Thome.*
BABAINVILL, *Babainvilla.*
BAQVL, *baculo.*
BAD, BADEN̄, badēn, BADĒSIS, *Badensis.*
BADW, *Badweiler.*
BAILL, *Bailliolo, Bailleul.*
baill, *bailliage.*

BAIOC', BAIOCEN', *Bajocensis.*

BAIVNVILL, BAIV̄VILL, *Baiuuvilla.*

BALD', baldūi, *Balduini.*

bālieue, *banlieue.*

BALL, *ballie.*

BALLI, *ballivi.*

BALLIE, *ballivie.*

BALLIV'. *ballivi.*

BALMEN̄, *Balmensis.*

bambergēn, *Bambergensis.*

BAP, *Baptiste.*

BAPALM̄, BAPALMĒSIS. *Bapalmarum, Bapalmensis.*

BAPM̄, *Bapaume.*

BAPT, *Baptiste.*

BAR', *Barri.*

BARBĒCHON, *Barbenchon.*

BARC, *Barcelone.*

BARCH, BARCHĒ. BARCHI. BARCHN, *Barchinone, Barchinonensis.*

BARD', *Bardonay.*

BARO, *baron.*

barō̄, *baronis.*

BARR, BARR', barrēn, *Barrensis, Barris.*

BARTH, BARTHOL, BARTHOLOM, *Bartholomei.*

BAS, *Basilensis.*

BASIL. *Basilensis, basilice.*

B'ATE, *beate.*

BATHON̄, *Bathoniensis.*

bavarā, *Bavaria.*

BAVAR', bavar̄. *Bavaria, Bavarie.*

BAVD'. BAUDVĪ, *Baudnin.*

BAVG, *Baugerium.*

BAVGENC̄, *Baugenciaci.*

BAVQ'ECCIO, *Bauquerceio.*

BAVVLE, *Bauville.*

bazī, *Baziliensis.*

B'CEVRE, *Breceure.*

bch, *Binchio.*

B'CHARD, *Berchardi.*

BĒ, *beate, Benigni, Brie.*

BEAN, *Beania.*

BEARN, *Bearni.*

BEAVMO LEROG, *Beaumont-le-Roger.*

BEAVMŌT, *Beaumont.*

BEGINALI, *Beginalium.*

BE IOCO, *Bellojoco.*

BELIVALL, *Bellivallis.*

BELL, *Bellicadri.*

BELLAMAR', *Bellamara.*

belli, *Bellimontis.*

BELLI I, *Bellijoci.*

BELLIMONTĒS, *Bellimontensis.*

BELLO MĀN, *Bello Manso.*

BELLOMON, BELLOMŌTE, *Bellomonte.*

BELLONF, *Bellofonte.*

BELLO VIDE', *Bellovidere.*

BELMARE, *Bellemare.*

BELV, BELVA, BELVAC̄, belvacē, BELVACEN̄, BELVACEN', BELVAC̄N, *Belvacensis, Belvacum.*

BENĒ, *benedicta.*

bened', BENEDC̄I, *benedicti.*

BENEDICTV̄, *benedictum.*

BEQV̄. *Béque.*

BER̄, *Bernardi.*
BERĒGARII, *Berengarii.*
BERENGER', *Berengerii.*
BERFRIDV̄, *berfridum.*
BERG', *Bergis.*
BERGĒSIS, *Bergensis.*
BERNA, *Bernardi.*
BERNAYENSIV', *Bernayensium.*
bernens', *Bernensis.*
BERT, *Bertrand, Bertrandi.*
BERTh, *Bertholomei.*
BERTRĀDI, *Bertrandi.*
BET̄, *Betunie.*
bēte, *beate.*
BETH, *Bethuniensis.*
BETHĒCOVRT, *Bethencourt.*
bethie, BEThVN̄, *Bethunie.*
bet'mien, *Betremieu.*
BETVNI', *Betunia.*
BEVMŌT, *Beaumont.*
BEV̄NA, *Beverna.*
BEV'NE, *Beverne.*
BEUV̄QVĒ, *Beuverquen.*
beȳen, *Beyeren.*
B'GEN, *Bergensis.*
B'Ghen, *Berghen.*
B'GIS, *Bergis.*
B'GN, *Bergensis.*
bGŌIE, *Burgorie.*
B'hLOMI', *Bartholomei.*
BI, B'I, *beati, Bituricensis.*
BIALMO'T, *Bialmont.*
BIAVF̄, *Biaufort.*
BIAVMŌT, *Biaumont.*
BIERRĒGIER, *Bierrengier.*
BIS', *Bisuntinensis.*

BISŌCIO, *Bisoncio.*
BISVNT, BISV̄T, *Bisuntini, Bisuntinensis.*
BISVTE, BISVTINE, *Bisuntine.*
BITER, BITERREN, *Biterrensis.*
bitholio, *Britholio.*
BITVR, BITVRIC, BITVRICEN̄, *Bituricensis.*
BLĀGIE, *Blangie.*
BLAKEB'GhE, *Blankenberghe.*
BLAKEM', *Blakeman.*
blainmt, *Berlainmont.*
BLAK, *Blankenberg.*
B̄LE, *Blesis.*
BLEBREBĀT, *Blebrebant.*
BLES, bles', BLESEN̄, BLESIS, BLESN̄, *Blesensis.*
BLLOMĀSO, *Bellomanso.*
BLLOMOTE, *Bellomonte.*
BLODE, *Blonde.*
BLŌDEL, *Blondel.*
bNAIO, *Bernaio.*
B̄NART, *Bernart.*
B'NAY, *Bernay.*
BNDICTVM, *benedictum.*
B'NERII, *Bernerii.*
BNOT, *Burnot.*
BOCONVILL, *Boconviller.*
BŌDEVILE, *Bonderile.*
BOEM̄, bohē, *Boemie, Bohemie.*
BOLOG. *Bologne.*
BOLON, BOLONIĒ, *Bolonie, Boloniensis.*
BŌN, BŌN, *Bononia, Bononiensis.*
BONAVALL, *Bonavalle.*
BONE, *bonne.*

BONGBOS, *Bonebosc.*

BONGH, *Bonchem.*

BŌNGVAL, BONGWALL, *Bonneval, Bonewallis.*

BŌNIGR', *Bonnières.*

BONONIGSIS, *Bononiensis.*

BONV, *bonum.*

bꝫbonēn, *Borbonensis.*

BORDGINVIL, *Bordeinvilla.*

BORGLI̅, *Borelier.*

BORGN, BORG̅N, *Borgne, Borguignon.*

BORV, *beatorum.*

BOSQVILLO, *Bosquillon.*

BOS'ROB'TI, *Boscoroberti.*

BOTGL, *Boteler.*

BOVCOVILL, *Bouconvilla.*

BOVDINGhG̅, *Boudinghem.*

BOVLGNG', *Boulengier.*

bourboun, *Bourbonnii.*

bourḡne, *Bourgoigne.*

bourgnignō, *Bourguignon.*

B'R, *Berengarii.*

BRA, BRAB̃, brab, brabacie, BRABAN', braban, BRABAN', BRABANT, brabāt, BRABĀTIA, *Brabant, Brabantia, Brabantie, Brabancie.*

BRAD, brādeburgēn, brādemburgens', *Brandemburgi, Brandemburgensis.*

BRAN', *Brane.*

BRĀTULIS, *Brantulis.*

brd, *Bernardus.*

B'RDAL, *Berdal.*

brebā, *Brebant.*

BRITAN, BRIT̃NI, *Britannia, Britannie.*

BRIVATGN, *Brivatensis.*

BRIXIGN̄, *Brixiensis.*

BR̃T, *Bertrandi.*

BRTGVILL, *Bretevilla.*

BRVERIENS, *Bruerieusis.*

BRVG, BRVG', brug', BRVGGNS', BRVGḠ, BRVGGH, BRV̄Gh, *Brugensis, Brugis, Brugghe.*

BRV̄VILGR, *Brunviler.*

bruxel', BRVXGLLGN, BRVXGLLN̄, *Bruxellensis.*

B'SGGAVT, *Brisegaut.*

B'TAVT, *Bertaut.*

B'TGLG, *Bretele.*

B'TGLOT, *Bertelot.*

B'ThOLOM, *Bertholomei.*

BT̄I, *beati.*

B̄TINI, *Bertini.*

B'TNDI, *Bertrandi.*

B'TOLDI, *Bertoldi.*

B'TRA, bTRĀDI, B'TRANDI, *Bertran, Bertrandi.*

B̄TRANNI, *Bertranni.*

bucigāt, *Bucigant.*

BVCIL, *Bucillis.*

BVGVILL, *Bucvilla.*

bub', *Bukingham.*

BVR, BVR', *Burgundie, Bures.*

BVRDGGALGN, *Burdegalensis.*

burdigalēn, *Burdigalensis.*

BVRG', *Burgensium.*

BVRG, burḡ, burg^die, *Burgundie.*

BVRG NOVV, *Burgum Novum.*

BURGGN̄, *Burgensis.*

BVRGENS', burgensiu, BVRGĒSIV̄, *burgensium.*

burgod, burgōdia, BVRGŌDIE, *Burgondia, Burgondie.*

BVRGV̄DIE, burgūdie, BVRGVN', *Burgundie.*

BVRGV̄ NOVV̄, *Burgum Novum.*

BVTEL, *Butelier, Boutelier.*

BVXĪA, *Buxeria.*

B̄XELENSIS, *Bruxelensis.*

C, *clerc, comes.*

C S', *contra sigillum.*

CĀ, *Cameracensis, canonici, causas, cavalieri.*

CĀBELLANI, CABELLI, *cambellani.*

cāberone, *Camberone.*

CĀBIIS, *Cambiis.*

CABIL, CABILON, CABILONEN̄, *Cabilonensis.*

CABVLON, *Cabulonis.*

CĀCELLARII, *cancellarii.*

cad, CAD', *Cadomensis, Cadomi, cardinalis.*

cādavaine, *Candavaine.*

CĀDELIER, *Candelier.*

CADOM, cadomeū, *Cadomensis.*

calabr̄, CALABR', *Calabrie.*

CALNIATV̄, *Calniatum.*

CALVIMON̄, CALVIMONTN̄, CALVIMŌTIS, *Calvimontensis, Calvimontis.*

CALVOM' CALVOMOT, CALVOMŌTE, *Calvomonte.*

CAM̄, *Cameracensis.*

CAM'A, *camera.*

CAMAC', camac̄, CAMĀCEN̄, cam'acensis, *Cameracensis.*

CAMĀCESIO, *Cameracesio.*

camacēsis, *Cameracensis.*

CAMAR, camar, *camerarii.*

camariat⁹, *camerariatus.*

CAMEC', CAMER', CAMERĀ, camera, CAMERAC', CAMERACĒIS, CAMERACEN', cameraceū, CAMERACENS, CAMERACĒSIS, CAMERAŌSIS, *Cameracensis.*

CAMERARI9, *camerarius.*

CAMER̄C, *Cameracensis.*

CAMIL, *Camilliaco.*

CAMP̄, *Campis.*

CAMPELLEN, *Campellensis.*

CAMR', *Cameracensis.*

CAN, CAN̄, caū, *canonici, Canpis.*

CANCELL, CANCELLII, *cancellarii.*

CANDEL, *Candelis.*

CANI, CANIC̄, CANŌ, CANOI, CANOĪCI, *canonici.*

canōicoru, *canonicorum.*

CANŌN, CANONĪ, canoni, *canonici.*

CANONICOR', *canonicorum.*

cantebrugens, *Cantebrugensis.*

CANTĪ, *Cantin.*

CANTĪPRE, *Cantimpré.*

CANTOR', *cantoris.*

CANTVRIEN, *Canturiensis.*

CANVILL, *Canville.*

CAOI, *canonici.*

CAP, *capellani, capituli.*

CĀPAN̄, *Campanie.*

CAPC̄, capicerii.
CAPD, capud.
CAPDAVENE, Campdavène.
CAPELL, capella, capellarii.
capellai, CAPELLI, capellani.
CĀPELLIS, Campellis.
CAP'I, capituli.
CĀPIS, Campis.
CAPIT, capitum.
CAPITLI, CAPITVL, CAPL, capituli.
CAPLE, capelle.
CAPLĪ, CAPLĪ, capli, capellani, capituli.
CAPLL, CAPLLI, capellani.
CĀPS, Canapes.
CAPSIE, Caprosie.
CAPT̄, CAPTICRV, CAPTIVCR, CAPTIVORV̄, captōr, captivorum.
CAR, car', cardinalis, Carcassonensis, caritatis, causarum.
CARC̄, CARCASENSIS, CARCASO, CARCASSON, Carcassona, Carcassonensis.
carcè, carcere.
CARD', card, CARDIN̄, CARDINAL, cardinal', cardinalis.
CARE, Carentoniensis.
CARĒCHI, CARĒCI, Carenchi, Carenci.
CARIOLE, Carniole.
CARMEL, carmelitār. Carmelitarum.
CARN', Carnotensis.
carniol'. Carniole.
CARNOĪS, CARNOT̄, CARNOTEN, CARNOTĒSIS, CARNOTN̄, CARNOTS'. Carnotensis.

CARŌ, Caron.
CAROL, Carolus.
CARPENT, CARPĒTER, carpētier, CARPRT', CARPĒTIER, carpentarii, carpenter, carpentier.
CARSTIAE', Carstiaen.
CARTVS', cartus', CARTVSIEN', Cartusie, Cartusiensis.
CĀS, cās, causae.
CASLETEN, Casletensis.
CASS', Cassel.
CAST, CAST̄, castelain, castellani, castri, castro.
CASTĒ, CASTEL, castel, CASTELAI, castelè, CASTELEI', CASTELL, castelain, castelein, castellani, castellanie.
CASTELL, Castelle, Castellione.
castellaè, castellanie.
CASTELLAI, CASTELLAN̄, castellani.
CASTELLE, castellane.
CASTELLIO, Castellione.
CASTĪ, Castris.
CASTLL, CASTL̄L. Castelle, Castille.
CASTLLI, castellani.
CASTNOVI, Castrinovi.
CASTREN, Castrensis.
CASTRI NANT. castrinanton, Castrinantonis.
CASTRO B'IENCII, Castro Brienciï.
CASTRO G'ONT, Castro Gonteri.
CASTROR', castrorum.
CASTRV', castrum.
CĀTAĪ, CĀTAING. Cantaing.
CATCEN̄, Caturcensis.

CATH, cathalauen, CATHA-LAVN, CATHALAVNEN, CA-THALAVNENS, *Cathalaunensis*.

CĀTOR', CĀTORIS, CAĀR, *cantor, cantoris*.

CATRO, *castro*.

CATVRCEN, *Caturcensis*.

CATZB, *Catzenellenbogen*.

cau, CAV̄, *causarum, causas*.

CAVILLICEN, *Cavillicensis*.

CAVS', *causas*.

CAVSAR', CAVSARV', *causarum*.

CECIL, *Cecilie*.

CECORV̄, *cecorum*.

CELESTINOR', CELESTINORV̄. CELESTĪOR, *Celestinorum*.

CELSONEN, *Celsonensis*.

CEN, CENO, CENOM, CENO-MAN̄, CENOMANCIS, CENO-MANEN̄, CENOMIE, *Cenomanensis, Cenomanie*.

CEOCSES', *Ceocsensis*.

ceretais, *Ceretanis*.

CERITAN, *Ceritanie*.

CERTV̄, *certum*.

CES, *Cesaris Burgi*.

CĒSIERS, *censiers*.

CESTR', *Cestrie*.

cet'ra, *cetera*.

CEVAL, CEVALĪR, *cevalier*.

CK, *chevalier*.

CHAB', *chambre*.

CHĀBELĀ, *Chambellan*.

CHĀBIER, *Chambier*.

CHAB'LAN, CHAB'LANC, *chambellan, chamberlanc*.

CHĀBLEIR', *Chableiarum*.

CHĀBLI, *Chambli*.

CHALŌ, *Chalon*.

CHANTRĀS, *Chantrans*.

CHAPAINE, *Champaigne*.

CKAR, *chevalier*.

CHASTELAĪ, chastell', *chastellain*.

CHASTELL, chastellie, *chastellenie, chastellerie*.

chastelnef, *Chastelneuf*.

chatellet, *châtellerie*.

CHATL, *châtelain*.

CHAVET, *chavetier*.

CHAVSET̄, *chausetier*.

CHE, CHELI, chelr, *chevalier*.

CHERL, CHEVĀ, CHEVAL, CHE-VALIR', CHEVALL, CHEVA-LR, CKI, *chevalier, chevallier*.

CHIN̄, *Chiniaco*.

CHIVAL, *chivaler*.

CHLR, chlr, *chevalier*.

CKNNI, *Channi*.

CHOISELL, *Choiselli*.

CKR, CHR, *chevalier*.

CHRISTOPH, *Christophori*.

CHRO, *Chroatie*.

cht, *Chamont*.

CKVALIER, *chevalier*.

CI, *clerici*.

CICIL, *Cicilie*.

cieio, *Cineio*.

CIR', *chevalier*.

cismont', *Cismontanorum*.

CISON̄, CISONIEN̄, CISONIENS, *Cisonio, Cisoniensis*.

CIVITAT̄, *civitatis*.

CIVIV, *civium*.

CL, CL̃, *clavis, clerc, clerici.*
CLAR, *Claromontis.*
CLAREMV̄DI, *Claremundi.*
CLAREVALL, *Clarevallis.*
CLARIACĒSIS, *Clariacensis.*
CLARIMONT, *Clarimontis.*
CLAROMON, CLAROMONTEÑ, *Claromontensis.*
CLAV', CLAVS, *clavis.*
CLC, CLCI, CLĒ, CLEI, *clerc, clerici.*
CLEMCIE, *Clemencie.*
CLEMĒTIS, CLEM̄TS, *Clementis.*
CLĒNTIE, *Clementie.*
CLERMOT, clermōt, *Clermont.*
CLI, CLIC, CLICI, *clerici.*
CLICOR, *clericorum.*
CLIVEÑ, CLIVIN, *Clivensis, Clivinsis.*
CLVN', CLVNIACĒN, *Cluniacensis.*
C'MEL, *Cramellis.*
CM̄R, *Cameracensis.*
CÑ, *canonici.*
CNDO, *commendo, confido?*
C̄NTRA S', *contra sigillum.*
CŌ, cō, *comitatus, comitis, con* pour *qu'on.*
Ċ, *centesimo.*
CŌBALONG, *Combalonga.*
CŌBREVS, *Combreus.*
CŌBVRGENSIV̄, *comburgensium.*
CŌCH, cōches, *Conches.*
CŌD̄, *Coudun.*
CODEVIL, *Codevilla.*
COE, *commune.*
coekkelber', *Coekkelberg.*
cōfirmati, *confirmati.*
COIL̄II, *consilii.*
COĪS, *comitis.*
ĊISI, *Croisi.*
COĪSSE, *comitisse.*
CŌIT, coit̄, *comitis.*
COĪTAT, coītat, *communitatis.*
coitatib, *comitatibus.*
COĪTATIS, coitatis, *communitatis.*
COĪTIS, coitis, *comitis.*
COĪTISSE, *comitisse.*
cōtut̄, *constitutum.*
COLI, *Colin.*
COLLMED', *Collemedio.*
COLV̄BÑ, COLVEÑ, COLVMB', COLVMBEÑ, COLVMBÑ, *Columbensis.*
COM̄, cōm, *comes, comitis.*
COM PALA, *comitis palatini.*
comāe, *Comanie.*
COMB'GENCIVM, *comburgencium.*
COMDE, *commende.*
COM̄I, COMIT, comit̄, *comitis.*
COMITV̄, comitū, *comitum.*
COMTIS, *comitis.*
COMVĒ, *comune.*
CONCHEN', *Conchensis.*
concordien', *Concordiensis.*
CONDATEÑ, CONDATÑ, *Condatensis.*
CONDOMIEN', *Condomiensis.*
CONESTABVL, *conestabularii.*
CONFIRM̄, *confirma.*
CONMIN', *Comminensis.*
CONPĒDIEÑ, *Compendiensium.*
CONPĒDII, *Compendii.*
CONS', *contrasigillum.*

CONST̄, CONSTA, *Constantiensis.*

CONSTABL, CONSTABVLAR', *constabularii.*

CONSTAÑ, CONSTANC, CONSTANCIEÑ, CONSTANTIEN, CONSTĀTIEÑ, *Constanciensis, Constantiensis.*

CONSTĀTIN, *Constantinopolis.*

CONSTITVT, *constitutum.*

CONSV, *consulum.*

CONT', CONT̄, *conte, contra.*

CONT S', *contra sigillum.*

CONT̄CTVVM, CONTRACTVV̄, *contractuum.*

CONTRADICT, *contradictorum.*

CONTRAT', *contractus.*

CONVENT, CONVENT9, CONVĒT, CONVĒT9, CONVĒTVS, *conventus.*

CŌPENS, *Compens.*

9, *con* pour *qu'on.*

9 SIG, *contra sigillum.*

9A SM, *contra sigillum.*

9datens', *Condatensis.*

9DE, *commende.*

9DOM, *Condomio.*

9ESTABLE, *conestable.*

9MVNE, *commune.*

9MVNIE, *communie.*

9T̄, *contra.*

9TESSE, *contesse.*

9TITVTV̄, *constitutum.*

9TRACT9, 9TRACTVS, *contractus.*

9TRAS, *contrasigillum.*

9TRASIGILLV̄, *contrasigillum.*

9TRES', 9tres, *contreseel.*

9TS', 9TSIGILL, *contrasigillum.*

9VENT, 9VĒT, 9VET, 9uet, 9uēt9, 9VĒTVS, *conventus.*

CORB', CORBIENS', *Corbeie, Corbiensis.*

CORBOILL, CORBOL, *Corboilliensis, Corbolium.*

CORDWĀ, *Corduvan.*

corisopiten, *Corisopitensis.*

CORMERIAC, *Cormeriacensis.*

CORONATOR, *coronatorum.*

CORSIC, *Corsice.*

CŌS, *comes.*

COSERAÑ, COSERANEÑ, *Coseranensis.*

CŌSILIO, *consilio.*

COSTĀ, *Constantinopolitani.*

costaces, CŌSTANCES, *Coustances.*

COSTE, *Costentin.*

CŌSTITVTVM, *constitutum.*

CŌSVLV̄, *consulum.*

CŌT S', cōt s', *contra sigillum.*

cōte, *conte.*

CO'TES, *Contes.*

cōtesse, *contesse.*

CŌTRA S', COTRA SIG', *contra sigillum.*

CŌTRACTVS, cōtractus, cotract9, *contractus.*

COVDRI, *Coudrei.*

COVENAR', *Convenarum.*

CŌVENT, couent, CŌVENTVS, cōuentus, *conventus.*

couēs, *convens.*

CŌVET, CŌVĒTVS, *conventus.*

COVLLEG', *Coullegis.*

COVMPĀS, *Coumpans.*

COVRCELL, *Courcellis.*
COVRS', COVRCI, *Courtrai.*
COVRTRACENS', *Courtracensis.*
COVSTĀCES, constan, *Constances.*
CR̄, *Cameracensis.*
CRASSEÑ, *Crassensis.*
CREVEQL, *Crevequer.*
CRISP', *Crispini.*
croāc, *Croacie.*
CROhEÑ, *Crohensis.*
CRVC̄, *crucis.*
CRVNĪGEN, *Cruningen.*
CTE, *conte.*
CV̄, *Cuvillers.*
C̄VALERS, *cevalers.*
CVLĒTO, *Culento.*
CVP̄S, *Cupersani.*
CVR', CV̄R, *curati, curie.*
CVRAT, *curati.*
CVRT̄C', CVRTRACĒSIV̄, *Curtracensis, Curtracensium.*
CVSTOD', *custodis.*
cuvillō, *Cuvillon.*
CYSTERCIEN, *Cysterciensis.*

D, D̄, D', d', *de, Dei, der, dit, domini, dominus, Durand.*
D G', *Dei gracia.*
DA, *dame.*
DAF, *Danfront.*
DALM, dalmač, *Dalmacie.*
DALPh, DALPhI, dalphie, *Dalphini, Dalphine.*
DĀMACIE, *Dalmacie.*
DANF', *Danfront.*
DANIEL, *Danielis.*
DĀPERRE, *Damperre.*
DAPETRA, *Dampetra.*
DĀPFRŌT, *Dampfront.*
DĀPIERRE, *Dampierre.*
DAPMARTI, *Dampmartin.*
daulphi, *daulphin.*
DCĀ, D'CANI, *decani.*
DCI, *dicti.*
dē, *den.*
DEBITOR', *debitorum.*
DEC̄, DECA, DECAĪ, DECAN, DECAN9, *decani, decanus.*
DECANAT, *decanatus.*
DECRET̄, DECRETOR, decretorū, dector, *decretorum.*
DEFĒSOR, DEFS, *defensor.*
delmēhorst, *Delmenhorst.*
derb, *Derbie, Derbiensis.*
DERVEÑ, *Dervensis.*
DESID', DESID'II, DESIDĪO, *Desiderii, Desiderio.*
dētergbee, *Dentergheem.*
DEVREN, *Devrene.*
DĪ, *Dei, Domini.*
DIĀ, *Dias, divina.*
DIAC̄, DIACOI, DIACON', *diaconi.*
DICASSMVDĒSIV̄, *Dicasmudensium.*
DIOC̄, *diocesis.*
DISCAL, *discalceatorum.*
diviō, DIVION, *Divionensis.*
DIXEM̄, *Dixemuda.*
DIXMVDĒSIS, *Dixmudensis.*
D'L, *del.*
DOM, *domus.*
D̄MIORVM, *dominorum.*
DN, *dominus.*

DNE, *domine.*

DÑI, dñi, *domini.*

DNIO, *dominio.*

DÑM, *domini.*

DNOR', dnōr, *dominorum.*

DÑQ, *Dominique.*

DNS, *dominus.*

DŌ, *domini, don.*

DOCT̄, doctois, DOCTOR', doctor', *doctoris.*

DOĪ, DŌICELL, *domicelli.*

DOL, DOLE, DOLEN, DOLENS', *Dolensis.*

DOM̄, *dominus, domus.*

domesēt, *Domessent.*

domī, *domini.*

DOMIC', DOMICELL, *domicelle.*

DOMIN', *dominus.*

DOM9, *domus.*

DŌNI, *domini.*

DŌNOMR, *Domnomartino.*

DONONIEÑ, *Dononiensis.*

donziaceñ, *Donziacensis.*

'DŌPNI, *dompni.*

DOTAS', *dotavit.*

DOVBE', *Doubel.*

douvri, *Douvrin.*

DROC', DROCAR', DROCEN', *Drocarum, Drocensis.*

D̄S, *Deus.*

D'SERTIS, *Desertis.*

du, *ducis.*

DVAC̄, DVACEÑ, DVACEN', DVACENS', DVACN', *Duacensis.*

DVACV̄, *Duacum.*

DVBLINĒSIS, *Dubliuensis.*

DVC̄, duc', duc̄, *ducis.*

DVCAT9, DVCATV', *ducatus.*

DVCS, *ducis.*

DVCTE, *ducite.*

DVCV̄, ducū, *ducum.*

dullēdu, *Dullendii.*

dunblaneñ, *Dunblanensis.*

DVNEÑ, *Dunensis.*

DVNK'KE, *Dunkerke.*

DVROFORT̄, *Duroforte.*

DYOC̄, dyoce, *dyocesis.*

DYON', DYONISI9, *Dyonisius.*

Ē, E, E', *en.*

EBERST, *Eberstein.*

eboracē, *Eboracensis.*

EBR, *Ebroniensis.*

EBRARTD', *Ebrartdi.*

EBREDVN, EBREDVNEÑ, *Ebredunensis.*

EBROIC̄, EBROYCEN', *Ebroicensis, Ebroycensis.*

ebronen, *Ebronensis.*

EC̄, ECC', ECC̄A, EC'CE, ECCĒ, eccē, eccīe, ECCL, eccl'a, ecclā, ECCLE, eccl'e, ECCLIAR, ECCLIE, ecclīe, ECL, ECLE, ECLIE, *ecclesia, ecclesie, ecclesiarum.*

EDVEN, edueñ, *Eduensis.*

EDW', EDWARD9, *Edwardus.*

EG'ELB̄TI, *Engelberti.*

ĒG'ERRANDI, *Engerrandi.*

EG'ID', EG'IDIU', *Egidii, Egidius.*

EG'MONT, *Egmontensis.*

ĒG'OL, *Engolismensium.*

EG'REMŌT, *Egremont.*

EÝ, ejus.
ĒIORRĀS, Enjorrans.
EIV, ejus.
EIVSDE, ejusdem.
EL, ELŌI, ELCTI, ELEC, ELECT, electi, electus.
ELECTEN', Electensis.
ELISAB', Elisabeth.
elōris, electoris.
el'ti, electi.
EMMEL, Emmeline.
ēn, ende.
ENG9, Engolismensium.
engherāt, Engherant.
ENGOL, ENGOLISM, ENGOLISMEN, Engolismensis.
EP, EPC, EPI, EPI, epi, EPIS, EPISC, EPISCOP, EPISCOP9, EPPI, EPS, EPS, eps, episcopi, episcopus.
ERDÝ, Ernaudi.
ERĒBORG', Eremborgis.
ESC', escuier.
ESCHĀL, eschevinal.
ESCR, ESCV, ESCVI, ESCVIE', ESCVR, escuier.
ESKEK', Eskekier.
ESNIEVTREVILL, Esnieutreville.
ESPNŌ, Espernon.
ESQER, esquier.
ESSEX, Essexie.
ESSEXE, Essexesterre.
EST, Estienne.
ESTAIBŌG, Estaimbourg.
ESTAIDAL, Estaindale.
estāpes, Estampes.
ESTEELĀT, Esteelant.
estienū, Estienne.
estievēe, Estievene.
7, ?, Ƶ, Ƶ, ƶ, et.
Ƶ, ƶc, ƵC', et cet, et cetera.
EVANGELTA, Evangelista.
everghē, Everghem.
EVSTACH, Eustachii.
EWS, ejus.
EVX', euxoris.
EXAQVIEN, Exaquiensis.
EXOLDŪI, Exolduni.
EXONIĒ, EXONIEN, Exoniensis.
EXVPII, Exuperii.

F, F', f, Ferrariis, filius, filii, François, Franconis, frater, fratris.
FA', Falesie.
FACT9, factus.
FACVLTA, FACVLTAT, facultatis.
FAGERNŌ, Fagernon.
FAL, Falesie.
FALCO, FALCOBG, FALCOBGHA, Falcobergha, Falcobergensis.
FAMAGVSTĀI, Famagustani.
FANARIEN', Fanariensis.
FAVREBERGVE, fauqūberghe, Faukembergue, Fauquemberghe.
FCŌM, FCŌM, factum.
FDICI, Friderici.
FEERONOIT, Feekonnoit.
FER, Fernando.
FERDINĀDI, Ferdinandi.
FERNĀ, Fernan.
FERRIC', Ferrici.
fescāp, Fescamp.

FEZEN, *Fezenciaci.*

FF, *fratrum.*

FIDEMEÑ, *Fidemensis.*

FIDI, *fidei.*

FIL, *filii*, *filius.*

FILG', FILG'ER', *Filgeriis*, *Filgeriarum.*

FILI', *filii.*

FISCAMEÑ, *Fiscanensis.*

FISCANN, *Fiscanni.*

FITATIB', *Feritatibus.*

FLACINIACEN, *Flaciniacensis.*

FLÃD, FLÃD', FLAD'E, FLÃDR', FLADRA, FLÃDRES, flãdria, FLÃDRIE, flãdrie, *Flandria*, *Flandres*, *Flandrie.*

FLAÕS, *Flandres.*

FLAMẼC, *Flamenc.*

FLAMẼG'ERIE, *Flamengerie.*

FLAMẼMO.., *Flamermont.*

FLAMẼS, *Flamens.*

FLAÑ, FLAND', fland', flandẽ, FLANDR', *Flandrie.*

FLANDREÑ, FLANDRENSIV, *Flandrensis*, *Flandrensium.*

FLEVVILL, *Flenville.*

FLIN, *Ferlin.*

flois, flor̃, *Floris.*

FLOR', FLOREFFIES', *Floreffiensis.*

FLORENTIÑ, *Florentinensis.*

FLORẼTIA, *Florentia.*

FLORẼTII, *Florentii.*

FLORẼTIÑ, *Florentinensis.*

FLORẼTINI, *Florentini.*

floriacẽ, FLORIACÑ, *Floriacensis.*

FOG'E'AN, *Fogeran.*

FOINÕ, *Foinon.*

FOLCALQVER', *Folcalquerii.*

FOLEVL, *Foleville.*

FOR', *Forestensis.*

FORC, *Forcalquerii.*

FOREÑ, foreñ, *Forensis.*

FOREST̃ MOÃST, *Foresti Monasterii.*

FORESTEN', *Forestensis.*

FOSSAT, FOSSATEÑ, *Fossatensis.*

fõtaines, *Fontaines.*

FÕTIS COĨS, *Fontis Comitis.*

FOVILL, *Foville.*

FR, *frater.*

FRACE, frãce, *France.*

FRÃCHOIS, *Franchois.*

FRÃCIE, frãcie, *Francie.*

FRÃCISCI, *Francisci.*

FRÃCISCVS, *Franciscus.*

FRÃCOR', frãcor', FRÃCORV, *Francorum.*

FRÃE, *Francie.*

FRÃKE, frãke, *franke.*

FRANÕ, *Francie*, *Francisci*, *Francorum.*

FRANCORV, *Francorum.*

FRANCQVEVIL̃, francq̃uille, *Francqueville.*

FRANCR, *Francorum.*

F̃RARIA, *Ferraria.*

FRÃSV, *Fransu.*

FRATĨS, *fratris.*

FRÃTR, FRAT̃R', *fratrum.*

FRAT̃S, FRATS, *fratris.*

FR̃E, *Francie.*

FREAVILL, *Fréaville.*

FREDERIC9, *Fredericus.*

FREEVVILL, FREEVL, *Fréeville.*

FREIAVVILLE, *Fréiauville.*

FREMĪ, *Fremin.*

FRID. FRIDERICꝰ. *Fridericus.*

FRIGIDIMONT. FRĪGID MŌT. *Frigidimontis.*

frigidomōte. *Frigidomonte.*

FRĪS. friſ'. *fratris, Frisie.*

FRM. FR̄M. frm̄. *fratrum.*

FRS. FRTRIS. *fratris.*

FŪDAŪI. *fundavit.*

FULCOṄ. *Fulconis.*

FVR'. FVRNEN̄. *Furnis, Furnensis.*

FV'ENEI. *Funtenei.*

FVXꝯENꝯ. *Fuxsensis.*

G'. *Galcheri, Garsias, Gaufridi, Gerardi, Gerlac, Gregorii, Guichardi, Guillelmi.*

GA. *Gausberti.*

GĀD'. GĀDAVO. *Gandensis, Gandavo.*

GALCħI. *Galcheri.*

GALER'. *Galeran.*

GALICI. *Galerici.*

GALL. GALL. *Gaillon, Gallie.*

GALLē. *Gallicie.*

GALLIACEN. *Galliacensis.*

GALLV̄. *Gallum.*

GALēI. *Galteri.*

GAND'. *Gandensis, Gandavum.*

GANDA. *gañada.*

gandavū. *Gandavum.*

GANDEN̄. GANDENSIV̄. gandēſiū. GANDN̄. *Gandensis, Gandensium.*

GARENCIER'. *Garencières.*

GARL. *Garlanda.*

GARN. GARNEĪ. *Garneri, Garnerii.*

GAST. *Gastina.*

GASTIG'. *Gastigny.*

GASTOIS. *Gastonis.*

GAVF'. *Gaufridi.*

GAVġ. GAVG̃. GAVG̃OI. GAVGER'. GAVGERI'. GAVGĪOI. *Gaugerici.*

GAVK'. GAVQ̃LIN... GAVQVEL. *Gaukelini, Gauquelini.*

G̃C. GCE. *gracia, grace.*

GEBEN̄. *Gebenensis.*

GēGVLFI. *Gengulfi.*

GēI PONTIS. *Gemini Pontis.*

GELD̃. *Geldrie.*

gelr'. gelrēn. *Gelrie, Gelrensis.*

GEM'. *Gemeticis.*

GEMBLACEN̄. *Gemblacensis.*

GEM̃E. *Gemme.*

GEMEL. GEMELL. *Gemellis.*

GEMETEN'. *Gemetensis.*

GEMETICEN̄. *Gemeticensis.*

GE'MOD̄I. *Germondi.*

GENEVIL. *Geneville.*

GENOVEF'. *Genovefe.*

GER̄. GERĀDI. *Gerardi.*

GERALDIMŌTE. *Geraldimonte.*

GERALIS. *generalis.*

GERVA. GERVASIꝰ. *Gervasius.*

GERV̄DN̄. GERVNDEN̄. GERVNDēSIS. *Gerundensis.*

GEVTEVILL. *Geuteville.*

GħRDI. *Gherardi.*

ghel. GHELREN̄. GħELRēS'. *Ghelrie, Ghelrensis.*

ghiseghē. *Ghiseghem.*

GHISTEL, GHISTELL, *Ghistella.*

ghorrin, *Ghorrinchom.*

GHOSVI, *Ghosuin.*

GIEF', *Gieffroi.*

GIL, *Gilon.*

GILLB'T, GILLB'TI, GILLEB'TI, *Gillebert, Gilleberti.*

GIRARD', *Girardi.*

GISOCIO, *Gisorcio.*

GLASTON, *Glastoniensis.*

GLLI, GLLI, *Guillelmi.*

GLOSA, *gloriosa.*

G'MAI, GMANI, *Germani.*

GNAL, gn'al', GNALIS, *generalis.*

GNA', G'NCIA, *Grancia.*

GNDA, *Granada.*

GNT, *grant.*

gobt, *Gobert.*

GODEF', *Godefroi.*

GOETSEHOVE, *Goetsenhove.*

GOMERIFOTE, *Gomerifonte.*

GONNOVILL, GONOVILL, *Gonnovilla.*

GORDO, *Gordonio.*

GOSAINVILL, *Gosainvilla.*

gottor, *Gottorum.*

GOVTRVEL, *Gountruel.*

GOZENG, *Gozengres.*

GR, GRA, grā, *gratia, generalis.*

GRĀDICVR, *Grandicuria.*

GRĀDIPVTEO, *Grandiputeo.*

grādis prati, *Grandis Prati.*

GRADIS SILU, *Grandis Silve.*

GRAIBOS, *Grainbos.*

GRĀM, *gratiam.*

GRANDIS CAN, *Grandis Campi.*

GRANTMOLI, *Grantmolin.*

GRĀS, *gratias.*

grāt, *grant.*

GRAVAR, *Gravaria.*

GRD'MON', *Grandimontis.*

GRĪBERG, GRIMB'GIS, *Grimbergis.*

GRONOP, *Gratianopolitani.*

GROZO', *Grozon.*

g'tia, *gratia.*

gvais, *Gervais.*

GVARNII, *Guarnerii.*

G'VASII, *Gervasii.*

gubernat', GVBNAT', *gubernatoris.*

GVID', GVIDON, *Guidonis.*

GVILEBELI, *Guilebelin.*

GVILI, GVILL, GVILLE, guillê. *Guillaume, Guillelmi.*

GVILLEB', *Guillebert.*

GVILLI, GVILLMES, GVILLMI, *Guillaumes, Guillelmi.*

GVIN, GVINEN, *Guinensis.*

GVISL, *Guislani.*

GVND', *Gerundensis.*

GVSIEN', *Gusiensis.*

H, h, H, H, *Henrici, hoc, Hugonis, Hanoniensis.*

HABSBGEN, *Habsburgensis.*

HACHB, *Hachbergensis.*

hĀGEST, *Hangest.*

haimste, *Haimstede.*

HAIN, hain, hAINA', HAINOENSIS, HAINOIE, *Hainaut, Hainonensis, Hainonie.*

hAIRVAL, *Haironval.*

HALB, *Halberstad.*

halewi, *Halewin.*

HAMĒSIS, *Hamensis.*

hañ, HAN', *Hanonie.*

HANGH, *Hanghewart.*

hanñ, HANOÏE, hanoie, HANON'. HAOÑ, *Hannonia, Hannonie.*

harac, *Haracurte.*

HĀRI, *Hanri.*

HARICVR, *Haricuria.*

HASNONIEN', HASNONIĒSIS. *Hasnoniensis.*

hāst, HAST, *Hamstede, Haston.*

HAVESKĒ, HAVESKERQV, HAVESSQRQVE, hauwerq'. *Haveskerke, Havessquerque, Hauwerquerke.*

HAYÑ, HAYNÑ, HAYNOÏE, *Haynonie.*

HBTI, *Herberti.*

HE'BER', *Hensberg.*

HECEL, *Hecelini.*

HĒD, HĒDIS, *heredis.*

HEDITAG', HĒDITAGIOR, *hereditagiorum.*

heer, *heere.*

heidē, *Heiden.*

HELL, *Hellini.*

heneğ, *Henegouwe.*

HENR', HENR', HENRIC9, HER'. *Henricus, Henrici.*

HERB'CHEVRON, *Herberchevron.*

HEREDITAGIOR, *hereditagiorum.*

herford, *Herfordie.*

HĒRICI, *Henrici.*

HERMER9, *Hermerus.*

hēs, *heres.*

HESDA', *Hesdain.*

HEVDOUVILL, *Heudouville.*

HEVERĪGHE, *Heveringhe.*

HG', *Hugonis.*

HIB', hib'e, HIBNIC, HIBNIE, *Hibernie, Hibernice.*

HĪGETTES, *Hingettes.*

HILD'VT, *Hildeverti.*

HIN', *Hinniacensis.*

HISDIÑ, *Hisdinii.*

HISP, HISPĀ, HISPANIAR, *Hispanie, Hispaniarum.*

HMENGART, *Hermengart.*

HMERIAR, *Hermeriarum.*

HÑI, *Henrici.*

HNSBG', *Heinsberg.*

HO', *homo.*

HOG'VILE, *Hogervile.*

HOĪS, *Hainonensis.*

HOLL, holl', hollād, HOLLĀDIA, HOLLAN, HOLLAND', holland, hollē, hollie, hollū. *Hollandia, Hollandie.*

HOME, *homme.*

HOÑCOVRTE, *Honocourte.*

HOND, *honrada.*

HOSD', *Hosdain.*

HOSP, hosp, HOSPIT, HOSPIT, HOSPITAL, *hospitalis.*

HOSTIEÑ, *Hostiensis.*

HOVGARDENLAND', *Hougardenlande.*

HRICI, *Henrici.*

HSV, *Jhesu.*

htoginne, *hertoginne.*

HV̄, *Humberti.*

HVEI, *Hervei.*

ḫVFAL, *Hufalize.*

ḫVG', *Hugonis.*

ḫūgaie. ḫVGAR', ḫūgar. ḫVGA-RIE, *Hungarie.*

ḫVGOĪS, ḫVGOñ, ḫVGŌNS, *Hugonis.*

ḫVĪLITAT̄, *humilitatis.*

HVNG', *Hungarie.*

HVNOC̄, HVNOCVRTES', *Hunocurti, Hunocurtensis.*

ḫVO', *Huon.*

ḫYNIACEN', *Hyniacensis.*

Ī, ī, *in, Jehan, Jehanne, Johannis.*

IA, *Jacobi.*

IABB', *Jabbeke.*

iac, *Iacop.*

IAKEMŌ, *Jakemon.*

IAKEm̄T, *Jakemart.*

IANIVILL, *Janivilla.*

IAQ. iaq'. IAQS, iaq̄s, *Jaques.*

IAZ', *Jazea.*

ĪCLVSAR', *inclusarum.*

IEḫ, IEH̃, ieḫ, IEḫA' IEḫĀ, ieḫā, IEḫĀS, *Jehan, Jehans.*

IEḫE, *Jehanne.*

IERLEm, IERLM, IERLM, IE-ROS, IERSm, *Jerosolimitani, Jerosolimitanus, Jerusalem.*

IFĀTIS, *infantis.*

ĪFERIOR, *inferior.*

IGENOVT, *Ingenout.*

IḫE, *Jeanne, Johanne.*

iḫelm, IḫERLM, *Jherusalem.*

IḫIS, IḫOIS, *Johannis.*

IḫN, *Jehan.*

IḫRLM, *Jherusalem.*

IḫS̄, *Johannis.*

IḫV̄, *Jhesu.*

IḫV X, *Jhesu Christi.*

ILLVST̄, ILLVSTS, *illustris.*

IMB', *Imbert.*

IP, IMP, IMPATOR, *imperator, imperii.*

IMPATRICIS, *imperatricis.*

impē, IMPER', IMPII, *imperialis, imperii.*

IMPR, *imperator.*

IMP̄RATORIS, IMP̄RIS, *imperatoris.*

indulgentiarū, *indulgentiarum.*

infiori, infioris, *inferiori, inferioris.*

INFIRMOR, *infirmorum.*

inghelrā, *Inghelran.*

INMENS̄, *inmensis.*

INSVL, INSVLEÑ, INSVLN, *Insulensis.*

INT, *inter.*

IO, iō, io', IOḫ, IOḫA, iohāis, *Johanne, Johannis.*

IOḫE, IOḫEM, IOḫIS, *Johanne, Johannem, Johannis.*

IOIIVIL, *Joinville.*

IOSAPḫT̄, *Josaphat.*

ĪPAT̄E, *imperatrice.*

ĪPERATOR, *imperator.*

IPII, *imperii.*

IPOLIT̄, *Ipolito.*

IPX, *Christi.*

IRAT̄ICIS, *imperatricis.*

IS, *Isnardi.*

ISABĒ, ISABELL, ISABLE, *Isabelle, Isabellis.*

ISĒBVRCh, *Isemburch.*

ISLA ADE, *Insula Ade.*

ISLEN, *Islensis.*

ISPNR', ISPAÑ, *Ispanorum, Ispaniarum.*

ĪSVL, *Insulensis, Insulis.*

ĪSVLA, *Insula.*

ĪSVLEÑ, ISVLN, *Insulensis.*

IT̄, *Jamet.*

IVDEOR, *Judeorum.*

iudicū, *judicum.*

IVERNEL, *Ivernellis.*

IVGLRES, *Juglevesse.*

iul', IVLIA, iuliac, IVLIACEÑ, IVLIACĒSIS, *Juliaci, Juliacensis.*

IVLLI, *Julliani.*

IVMELL, *Jumellis.*

IVNIOR, *junioris.*

IVR', *juris.*

IVRATOR', *juratorum.*

iuridiciōis, *juridicionis.*

IVRISPTI, IVRPTI, *jurisperiti.*

IVST, IVST9, *justus.*

IVT̄, IVX̄, iux, *juxta.*

J. Jh, *Jehan.*

K, *Karoli.*

KAR', KARENTON', *Karentonii.*

KARROFF, *Karroffensis.*

KATH, KATHĪNE, *Katherine.*

K'COVE, *Kercove.*

krestiā, *Krestian.*

KIBGI, *Kiburgi.*

KIRBG, *Kirberg.*

KLI, K'ROLI, *Karoli.*

kulēborch, *Kulemburch.*

L, *Ludovici, Lugdunensis.*

L, *le.*

LĀBERTI, *Lamberti.*

LABOR'TOR, *laboratorum.*

LĀBRVILE, *Lamberrile.*

LĀCASTRE, *Lancastre.*

lācē, *lancee.*

LACTOREN, *Lactorensis.*

LACV̄, *Lacum.*

LĀDAS, LĀDASTO, *Landas, Landasto.*

LALAĪG, LALAÑG, *Lalaing.*

LAMBERT, lambt, lamb'tus, *Lambertus.*

LAMBERVILL, *Lambercille.*

LAMB'TIVILL, *Lambertivilla.*

LAM̄TATŌ, *lamentatio.*

LANB'TO, *Lanberto.*

LANB'VILL, *Lanberville.*

lanc, *Lancastrie.*

LANDERTV̄, *Landertun.*

LANDG, *landgravius.*

LA'NOY, lānoy, *Lannoy.*

LANTGRAVI', *lantgravius.*

LĀQTILE, *L'Anquetile.*

LA'RM̄E, *lacrime.*

LARTIS', *L'Artisien.*

lātgravy, lātgvisse, *lantgravy, lantgravisse.*

LATILL, *Latilliaco.*

LAVALL, *Lavalle.*

LAVD', LAVDVÑ, laudunēn, LAVDVNENS', LAVDVNESIS, LAVDVÑS', LAVDVÑSIS, *Laudunensis.*

LAVDVNV̄, *Laudunum.*

LAVÑ, *Laudunensis.*

LAVR', *Laurentius.*

LAVRĒCII, *Laurencii.*

LAY, *Laya.*

L'CT, *lectoris.*

LEB'ETI, *Leberti.*

LEESS', *Leesses.*

LEĠ, *Legionis, legum.*

LEG'AT, *legatus.*

LEG'ATONV̄, *legationum.*

LEGIOÑ, *Legionis.*

legū, *legum.*

leıdūs, *Leidensis.*

LEIVILL, *Leiville.*

LEM̄, LEMO, LEMOVIC, LEMO-VICN, *Lemovicensis.*

LENDELĪ, *Lendelin.*

LENNEN', *Lennensium.*

LENSEÑ, *Lensensis.*

LEOD', *Leodegarii, Leodiensis.*

LEODEG'AR', *Leodegarii.*

LEODIEN', leodıeñ, *Leodiensis.*

LEOM̄, *Leomanie.*

LEPOR', *Leporarii.*

LEPSOZ, LEPROSOR̄, *leprosorum.*

LESIG'N', *Lesigniaci.*

LEVDEL', *Leudellusis.*

LEX̄, LEXO, LEXOVIEÑ, lexo-vıeñ, LEXOVIENS', *Lexoviensis.*

leyc, *Leycestrie, Leycestriensis.*

liburg', *Limburgie.*

LICE, *licenciati.*

licht' veld, *Lichterveld.*

LICI, *Licerii.*

LICTARV, *licterarum.*

LIDDĒSIS, *Liddensis.*

LIESSIEN, *Liessiensis.*

LIĠ, *Ligerii.*

LIG'IM, *Ligerim.*

LIG'ON', *Lingonensis.*

LILERIEÑ, *Liliriensis.*

LILIV', *lilium.*

LIMB, *Limburgie.*

LINĀG', *Linange.*

linc, *Lincolnensis, Lincolnie.*

LĪDEBO, *Lindebo.*

LINĠ, LINGOÑ, LINGONEN, *Lingonensis.*

LISĀ, *Lisam.*

LISMOREÑ, *Lismorensis.*

LITT', *litterarum.*

LOCHAR', *Locharum.*

LOCTEN, locnnten, locntc, lo-cūteñtis, *locumtenentis.*

LOD', *Lodovici.*

LŌG', LŌG'AVILLA, *Longueville, Longavilla.*

LOKERV̄, *Lokerun.*

lonchāp, *Lonchamp.*

LONG'AVILL, *Longavilla.*

LOO', *Loon.*

LOQ̄T, *Loquet.*

LOQVENTI', *loquentis.*

LOR', *Lorans.*

LOSSEN, lossēn, *Lossensis.*

LOTH', LOTH̄, lothār, loth'ar, lotharigıe, LOTHOR', lothōr, lothor', LOTHR', *Lotharingie, Lothoringie.*

LOVĀ, LOVAÑ, lovañ, LOVA-NIEN', *Lovaniensis.*

LOVCHRT, *Louchart.*

LŌVES, *Louves.*

L'PICIERE, *L'Espicière.*

LRES, *lettres.*

LS, *Lens.*

LVC̄, *lucentis.*

LVC', lucceb̄g, luccēbgē, LVC-CEMB', LVCCEMBVRG' LV-CĒBŌG, LVCEBORGEN, lucē-burḡ, lucceburgens', LVCĒBVR-GHO, LVCELBVRGEN', LV-CEMBG', *Luccemburgis, Lucembor-gensis, Lucelburgensis, Lucemburgie.*

LVCEN, *Lucensis.*

luctonen, *Lucionensis.*

LVDIEN, *Lugdunensis.*

LV̄DS, *Lundris.*

LVDVNEÑ, *Ludunensis.*

LVG, luḡ, LVGD', LVGDVI, LVG-DVN, LVGDVNEN, *Lugdunensis, Lugduni.*

LVNEBVRGEN, *Luneburgensis.*

lup̄s, *Lupars.*

LVSARCH, *Lusarchis.*

LVXĒb, luxēburgo, LVXEMB, *Luxemburgie, Luxemburgo.*

LVXOVIEÑ, *Luxoviensis.*

lymb, LYM̄BG', LYMB'GIE, lym-burc, LYMBVRG', lymburḡ, *Lymburgie, Lymburci.*

M, M̄, M, M, M̄, m, *magistri, Manassès, Marcelli, Margarete, Marie, martiris, Mauricii, milicie, militis, Milon, mulieris.*

MA, *Maria, mea.*

machl̄tē, machlua, MACHLIN, MACHLINEÑ, *Machlinie, Machlinia, Machlinensis.*

MACĒIS, *Maceriis.*

madñe, *Madalene.*

MAE', *Marie.*

MAG', *magistri.*

MAGALIS, magalon, MAGALO-NEN', *Magalonensis.*

MAGD, *Magdeburgi.*

MAGDAL, MAGDALEN, MAG-DLEN, *Magdalene.*

MAGIST̄, MAGISTROℛ, *magister, magistri, magistrorum.*

MAGN', *magnus.*

MAḠO, *magno.*

MAGOLE, *Magalonensis.*

MAGLORI', *Maglorius.*

MAGNEVILL, *Magnéville.*

magnū, *magnum.*

MAG', MAGR̄I, maḡri, *magister, magistri.*

maguntin, *Maguntinensis.*

MAHL, *Mahlberg.*

MAHT, *Mahiet.*

MAIOR', MAIORI', *majoris.*

MAIORIC, MAIORICAR', *Majoricarum.*

maist', *maistre.*

MAI9, *majus.*

MĀRET̄, *Markete.*

MAL LEPOR', *Mali Leporarii.*

MALAĪ, *Malain.*

MALD', *Maldeghem.*

MALE', *Malen.*

MALIL, *Malileporarii.*

MALLA', *Malliart.*

MALOPORAR, *Maloporario.*

MANGÑ, *Mangnier.*

MANTOÑ, *Mantone.*

MAQ'REL, *Maquerel.*

MAQ'T̄, *Marquette.*

MAR', MAR'. magistri, marescalli, Marie, Martini, mare, maris.

MARCH, march', marchiõ, MARCHIOIS, marchiois, MARCHION, marchioñ, marchionñ, Marchionis, Marchionisse, Marchionum.

MARCH RAD', Marchasii Radulfi.

MARCIAL, Marcialis.

MARCIANEÑ, Marcianensis.

MARCELI, Marcelli.

MARCOI', Marcoing.

MARESCAL, marescalli.

MARG', MARGAR, Margarete, Marguerite.

MARGICOVR, Margicourt.

MARIVALIB', Marivalibus.

MARL VILLA, Marliaco Villa.

MARQ', MARQS, marquionis, marquis.

MARQTA, Marquetta.

MART', martiris.

MART, MARTI, Martini, Martin, Martinus.

MARTIGL, Martin-Église.

MARTIN', Martinus.

MARTIR', MARTRM, martirum.

MASCLIE, Masclinie.

masmũst̃, Masmunster.

MASSIL, Massiliensis.

MASTIC, Masticonensis.

MATEFELÕ, Matefelon.

MATH, MATHI, Mathei.

MATHILD', MATIL, MATILD', Mathildis, Matildis.

MATISCENSIS, MATISCOÑ, MATISCONEN. Matisconensis.

MATRIGEHEN, Matringehen.

MATRO, Matrolio.

MATS, martiris.

mattois, Mattonis.

MAVLENGHEHE, Maulenghehem.

MAVLIGHEM, Maulinghem.

MAVR, Mauricii.

MAVRIACEN, Mauriacensis.

MAVREGAT, Mauregart.

MAVRIT, Mauritania.

MAX, maximi.

MAX, MAXIMIL, MAXI^ni, Maximilianus, Maximiliani.

MCH', Merchier.

ME, Marie.

MECHLIE, Mechlinie.

MECINNSIS, Mecinensis.

MECV, mecum.

MEDANT, Medantensis.

MEDERIC, Mederici.

MEDÕTA, Medonta.

MEL, Mellento.

MELD', meld, MELDEN, MELDENS', MELDN, MELD'S', Meldensis.

MELDVN, Melduensis.

melẽbais, Melembais.

MELED, MELADVN, MELEDVNEÑ, Meledunensis, Meleduno.

MELẼTO, Mellento.

MELEV, Meleun.

MELL, MELLETO, Mellento, Melleduni.

mellẽtois, Mellentois.

MELNICEÑ, Melnicensis.

MENAG', Ménages.

MERCATOR, *Mercatoris.*
MERCK, *Merchier.*
MET, met, METĒN, meten, METENS, *Metensis.*
MET, *Metheren.*
METN, METĒN, *Metensis, Mettensis.*
MEV̄, *Meun.*
MEVLĒT, *Meulent.*
MEVTIÑEI, *Meutignei.*
M̄GARETE, *Margarete.*
MG'R', *magistri.*
MḠTER, *magister.*
MI, *michi.*
MICK, MICHAEL, MICHL, michlis, *Michaelis.*
MICIACEÑ, *Miciacensis.*
MIDELBG, *Middelburg.*
MIK', *Mikiel.*
MIL, mili, *militis.*
MILIĈ, *milicie.*
MILIS, MILĪS, MILIT, MILIT̄, *militis.*
MILLIAC', MILLIAĈ, *Milliacensis, Milliaco.*
MILT̄IS, miltis, *militis.*
MIÑ, *Minorum.*
MINIST, MINIST̄, *ministri.*
MINOR', MINORV̄, minorū, *Minoris, Minorum.*
min9, *minus.*
MĪOR, MIOR', miōr, *Minorum.*
MIRAPIĈ, *Mirapice.*
miraumōt, *Miraumont.*
MIS'ATOĒ, *miseratione.*
MISERACEÑ, *Miseracensis.*
MISERATŌE, MISERAT̄ONE, MISERATŌNE, *miseratione.*
MĪST, *ministri.*
MISTIOR, *ministeriorum.*
mistri, *ministri.*
M̄ITACO, *Mitriaco.*
M'KADE, *Merkade.*
ML, MLITIS, *militis.*
M'LOTO, *Melloto.*
MLT, *militis.*
MNRONT, *Montront.*
M̄, *millesimo.*
MOÑACHI, *monachi.*
MOÑST, mōast'ii, *monasterii.*
MŌBELIART, *Monbéliart.*
MOCELL, *Moncellis.*
MŌCIACO, *Monciaco.*
MODIC9, *medicus.*
MOFARANT, *Monfarant.*
MŌFERRANT, *Monferrant.*
MOG, MOGVNT, *Moguntinensis.*
MOL, *Molismensis.*
MOLARII, *Molinarii.*
MOÑ, *monasterii.*
MONACK, *monachi.*
MONASTER' VILLAR', *Monasterii Villaris.*
MONAST̄II, *monasterii.*
MONDAVLL, *Mondavilla.*
MONL̄R, *Monlaur.*
MONSEGÑ, *monsegneur.*
MONTAN, *Montanarum.*
MONT̄ BILIGARDI, *Montis Biligardi.*
MONTEMORENC', *Montemorenciaco.*
MONTEÑ, MONTEN', *Montensis, Montensium.*
MONT̄ FORT, *Montisfortis.*

MONTIB', *Montibus.*

MONTIS BASOÑ, *Montisbasonis.*

MONTIS BELIG', *Montisbeligardi.*

MONTISBVRG' *Montisburgi.*

MONTISFORT, montisfort, *Montisfortis.*

MONTISP, MONTIS PLANI, MONTIS PESSVL, *Montis Pessulani.*

montmorency, *Montmorency.*

MONSPLI *Montispessulani.*

MOR', *Morinensis.*

moravien, *Moraviensis.*

morensi, *Morinensi.*

MORIÑ, MORINE', MORINEN, MORINĒS', MORINĒSIS, MORINOR', MORINORV̄, *Morinensis, Morinorum.*

MORIT, *Moritane.*

MORT̄, mortaie, MORTAING', *Mortaigne, Mortaingne.*

MORV̄VAL, *Morunval.*

MŌSEGNEVR, MŌSEGNIEVR, *monsegneur, monsegnieur.*

MOSOMEN, *Mosomensis.*

most', *monasterii.*

mōstrul, *Monstreuil.*

MŌSTRVEL, *Monstruel.*

MOSTVRIOL, *Mosturiolo.*

MŌS, *Mont.*

MŌTAGVT, *Montagut.*

MŌTALBAN, *Montisalbani.*

MŌTANEA, *Montanea.*

MOTARAGO, *Montis Aragonis.*

MŌTAVT, *Montaut.*

MŌTBILIGARD', *Montebiligardo.*

MŌTCHEVREL, *Montcherrel.*

MŌTCORNET, *Montcornet.*

MŌTEALT, *Montealto.*

MŌTEBRVSŌNS, *Montebrusonis.*

MŌTECORNVTO, *Montecornuto.*

MŌTE FLASCON', *Monte Flasconis.*

MŌTE GE'MOD̄I, *Montegermondi.*

MŌTEGNI, *Montegni.*

MŌTEMER, *Mortemer.*

MŌTEMORĒCIACO, *Montemorenciaco.*

MŌTEP, *Montepessulano.*

MŌTGASCO, *Montgascon.*

MŌTGERMŌT, *Montgermont.*

MOTHONEN, *Mothonensis.*

MŌTIFER̄, *Montisferrandi.*

mōtigni, *Montigni.*

MŌTILII, MŌTILIO, *Montilii, Montilio.*

MŌTINEIO, *Montineio.*

MŌTP PAC̄II, *Montis Pacerii.*

mōtis, *montis.*

MŌTISCALVI, *Montiscalvi.*

MŌTISFORT, motisfortis, *Montisfortis.*

MŌTISMIR̄, *Montismirabilis.*

MŌTIS PLI, *Montis Pessulani.*

MŌTISREGALIS, *Montisregalis.*

MŌTISSROLII, *Montissrolii.*

MŌTMARTM̄, *Montis Martirum.*

MŌTONER, *Montoner.*

MOVST̄OLO, *Mousterolo.*

MOYSIACEÑ, *Moysiacensis.*

MR̄, *martir.*

MR̄E, *Marie, maistre.*

MR'I, MRĪ, *magistri.*

M̄RIS, *martiris.*

MT̄, *Metensis.*
M̄TIN, M̄TINI, *Martin, Martini.*
MV̄DI, *mundi.*
MV̄FAVCV̄, *Munfaucun.*
MVNDEVILL, *Mundevilla.*
MVRC, *Murcie.*

NA̲, *Namurci.*
nacois, *nacionis.*
NĀGIS, *Nangis.*
NAM, nam̄, NAMCEN', nam'cen', NAM̄CI, nam̄r, NAMVCEN, NAMVCENSIS, NAMVCI, namuci, NAMVCN, NAMVRCEÑ, NAMVRCN', *Namur, Namurcensis, Namurci.*
NANGS, *Nangis.*
narbō, NARBON', NARBONEN, *Narbonensis.*
NĀTHOLIO, *Nantholio.*
NATIVITAT', NATIVIT', *Nativitatis.*
NĀTOLIO, *Nantolio.*
NEAPL, *Neapoli.*
NECTI, *Nectari.*
NEFC, *Nefchastel.*
NEMAVS, NEMAVSEN, *Nemausensis.*
NEMOR', *Nemore.*
NEVERN, *Nevernensis.*
NEVILL, *Nevilłe.*
NICH. *Nichasii, Nicholai.*
NICHI. NICHOL. NICHOLI. *Nicholai.*
NICL, NICOL, *Nicolai.*
NIEWĒHOVE. *Niewenhove.*
NIḠCVRTE. *Vigracurte.*

NIGELLEN, *Nigellensis.*
NIGLA, NIGLL, *Nigella.*
NITRIEN, *Nitriensis.*
NIX, *Nivernis.*
NIVELLEÑ, nivellēn, *Nivellensis.*
NIVELON', *Nivelonis.*
NIVERÑ, NIVERN', NIVERNEÑ, NIVERNEN', NIVN, NIVNEÑ, niūneñ, *Nivernensis.*
NOB', *nobis.*
NOBIL, *nobilis.*
NOBL, *noble.*
NOERIOR', *Noeriorum.*
NOG, nogēto, *Nogento.*
NOGĒTO ROT̄DI, *Nogento Rotroldi.*
NOM̄, *nomen.*
NORF', *Norfolkie.*
northamptoñ, *Northamptonie.*
NORMĀIE, *Normanie.*
NORMANNOR', NORMANOR', *Normannorum.*
NORMAVNVILL, *Normaunvilla.*
NORM̄DIE, *Normandie.*
NOT̄, *notarii, notulas.*
NOTINGHA, *Notingham.*
NOTV̄, *notum.*
NOTVLAR', NOTVLARV', *notularum.*
NOVI CAST̄, *Novi Castri.*
NOVIOĪ, NOVIOM̄, NOVIOMEÑ, NOVIOMENS, NOVIOMENSIV', NOVIOMĒSIVM, NOVIOM̄SIS, *Noviomi, Noviomensis, Noviomensium.*
n̄re, *notre.*
NR̄I, nr̄i, *nostri.*
nurēbg', *Nuremberge.*

OBCICT, OBECICŌT, *Obrecicort.*

OBEDIENCIAR', *obedienciarii.*

OBL', oblig, OBLIG, OBLIGA, obligaciouñ, obligacios, OBLIGACŌES, obligaion, obligaios, OBLIGATOM, *obligaciones, obligacions, obligacionum, obligationum.*

obsequi', *obsequium.*

obseruañ, obs'uañ, *observancia.*

OCTAV', OCTAV̄S, *octavus.*

ODn̄S, ODŌ, ODON', *Odonis.*

OESTBŌ, *Oestborch.*

OESTĒDE, *Oestende.*

OFFC, *officialis.*

OFFENS̄, *offensis.*

OFFICI, offīs, *officialis.*

oldēborch, *Oldenborch.*

OMINV̄, *ominum.*

OPIDANOR, OPIDANORV̄, *opidanorum.*

opprobriū, *opprobrium.*

ORCH, *Orchies.*

ORD', ord', *ordinis.*

ORDEM, *Ordemonte.*

ORDĪE, *ordine.*

ordighē, *Ordinghem.*

ORDINATV̄, ordinatū, *ordinatum.*

ORDĪS, ORD'IS, ordis, *ordinis.*

orls, *Orléans.*

ORNĀS, *Ornans.*

ORVILL, *Orvilla.*

ŌS, *omnes.*

OS~B, *Osberti.*

OSTIEn̄, *Ostiensis.*

OSTREVANNĒN, OSTREVAN̄SIS, OSTREVĀT, *Ostrevannensis, Ostrevant.*

OTHOn̄, OTHONIEn̄, *Othoniensis.*

OVDENB̄G, OVDENBORGĒ, *Oudenborg, Oudenborgensium.*

OVNAĪG, *Ounaing.*

OVRNĀS, *Ournans.*

OXOMEn̄, *Oxomensis.*

P, *pape, Paulo, Petri, plena, Poncii, prepositi, presbiteri.*

P', *par, per.*

p̄, P̄, *pratis, prioris.*

ꝑ, *par, Peronensis, Petri, pour, principis, pro.*

ꝓ, *pro.*

P P, *pater patriæ.*

PA, *Paulus.*

PABVL, *Pabula.*

PALA, PALAT, *palatini, palatinus.*

PALATI, palati, *palatii, palatini.*

palatīē, *palatine.*

palatīū, *palatinorum.*

PALATNI, *palatini.*

PALTI, *palatii.*

PAMPILOn̄, *Pampilonensium.*

PANISPŌTIS, *Panispontis.*

PAR̄, *Parisiensis, Parisius.*

PARACLITV̄, *Paraclitum.*

PARĒT, *Parent.*

PARIS', PARISI', PARISIE, PARISIEN, PARISIE'S', *Parisiensis, Parisius.*

PARVV̄, PARW, *parvum.*

PASTOꝝ, *pastoris.*

pātu, *palatii.*

PATRChE, PATRIARCH, *patriarche.*

paul, *Pauli.*
P̃BENDAS, *prebendas.*
PB'I, pbiri, P̃BITE, ꝑBITRI, *presbiteri.*
ꝑBORV̄, *proborum.*
PBR', pbr, P̃BRI, PBR̃I, pbri, *presbiteri, prebstre.*
ꝑC̄, *procuratoris.*
ꝑC̄ACIOIES, *procuraciones.*
PCCORI, *peccatori.*
P̃CEPTA, *precepta.*
p̃ceptor̃, *preceptoris.*
pche, *Perche.*
ꝑChE PĒDVE, *Perche Pendue.*
ꝑCVR, *procurationes.*
ꝑCVRATOR̃, ꝑCVRATORIS, *procuratoris.*
ꝑD', P̃DIC', P̃DICATOꝝ, *Predicatorum.*
p̃dictis, *predictis.*
ꝑDOM, *Prodom.*
ꝑDREL, ꝑDRIEL, *Perdrel, Perdriel.*
PE, *Petrus.*
PECA, *peccata.*
PĒChEVAL, *Percheval.*
pedemon, *Pedemontium.*
PEĪTENTIARII, *penitentiarii.*
PELET̃, *Peletier.*
PELLIꝑII, *Pelliparii.*
penbroc̃, *Penbrochie.*
PEPĪ, *Pepin.*
P̃ER, *presbiter.*
PERICL'O, *periculo.*
PERO, PERON̄, *Peronensis, Peronam.*

perpetuū, *perpetuum.*
PESQLLOQVE, *Pesqueloque.*
PET̃, *Petri, prestre.*
PET̃G', *Petragoricensis.*
PETL', *Petlingia.*
PETNIL, PET'ONILLE, PETRONILL, *Petronille.*
PETRAGŌ, PETRAGOR', PETRAGORIC, PETRAGORICEN, *Petragoricensis.*
PETR9, *Petrus.*
p̃euse, *prieuse.*
ꝑFESS', PFESSOR', *professoris.*
P̃geith, p̃genith, *primogeniti.*
Ph, PhE, PhI, PhĪ, phi, PHLE, phlè, phs, *Philippe, Philippi, Philippus.*
PIC̄, *Pictavensis.*
PĪCERNE, *Pincerne.*
PĪCON̄, PĪCONII, *Piconii.*
PICT, PICTAV, pictaveis, PICTAVEN, PICTAVENS, *Pictavensis.*
ꝑIDANT, *Paridant.*
PIĒ, *Pierre.*
P'IECTI, *Prejecti.*
p̃iens, *Parisiensis.*
PIERŌ, *Pieron.*
PIERR', *Pierre.*
PINQ'GNI, *Pinquegny.*
p̃ioris, PIORIS, *prioris.*
piquig̃i, *Piquigny.*
PIS', pis', *Parisius, Parisiensis.*
P^SCI, *Prisci.*
PISCRNE, *Piscerne.*
pisiēsis, *Parisiensis.*
ꝑISIVS, *Parisius.*

PISS', PISSIAC̄, PISSIACN̄, *Pissiacensis*, *Pissiaci*.

PITĀCIARIE, *pitanciarie*.

p̄iti, *periti*.

PIZ, *Periz*.

PL'A, PLĀ, *plena*.

PLA'Ch.., *Planchai*.

PLĒ, PLĒA, PLEN', *plena*, *plenus*.

plement, *parlement*.

PLI, *Pessulani*.

p̄lii, *palatii*.

PMA, *prima*.

P̄MĀT, *primatis*.

P'ME, *prime*.

PMET', *Parmentier*.

P̄MISSIOñ, PMISSIONE, *permissione*.

P̄MOGĒITI, P'MOGENITI, *primogeniti*.

P̄NCIPAT9, *principatus*.

p'nceps, *princeps*.

PNCIPIS, *principis*.

PÑE, PNĒ, p̄nia, P̄NIĒ, *penitentie*, *penitentia*.

PŌCARDI, *Poncardi*.

PŌChI, *Ponchin*.

PŌCII, *Poncii*.

PODEMNĀ, *Podemnaco*.

p̄ocīti, *primogeniti*.

pōrānie, *Pomeranie*.

POĪCIGNŌ, *Poinciguon*.

POL, *Poligny*.

POMERAN, *Pomeranie*.

PONT̄, pont', *pontificalis*, *pontificis*, *Pontisarensis*, *Pontivi*, *Ponthieu*.

PONT̄ ARTK, *Pontis Artche*.

PONT̄ AVD', *Pontis Audomari*.

PONTHISSAR, *Ponthissarensis*.

PONTIB', *Pontibus*.

PONTIS', PONTISAROSIŪ, PONTISAREN, *Pontisarensis*, *Pontisarcsium*.

Pontisaudom, *Pontisaudomari*.

PONTISMON, *Pontismontionis*.

PONTISSAR', *Pontissarensis*.

PONTIVEñ, *Pontivensis*.

PŌPLONA, *Pomplona*.

PŌPONE, *Pompone*.

P̄OR', *prioris*.

P̄ORATS, PŌRAT9, pōratus, *prioratus*.

PORCh, *Porcher*.

pore, *priore*.

PORIS, PŌRIS, *prioris*.

P̄ORISSE, *priorisse*.

PORTVEñ, *Portuensis*.

POS, *Pons*.

PŌT AVDOM̄, *Pontis Audomari*.

POT̄E, *Ponte*.

PŌTELVN, *Pontelungo*.

PŌTESIV̄, *Pontensium*.

PŌTI, pōtieu, *Pontieu*.

PŌTISAR', *Pontisarensis*.

PŌTIS CAST̄, *Pontis Castri*.

pōtisorni, *Pontisorni*.

PŌTIVI, *Pontivi*.

P̄P̄ PP, pp, PPE, *papa*, *pape*.

PPE, p̄pe, *prope*.

PPETVI, *perpetui*.

P̄POĪ, P̄PŌITI, *prepositi*.

PPOITVRE, PPOITVRE, *prepositure*.

ꝑPOS, ꝑPOSIT, *prepositi, prepositus.*

ꝑPOSITŨ, *preposituræ.*

ꝑPOSITI, P̃POSITI, *prepositi.*

p̃positus, *prepositus.*

p̃poti, PPTI, *prepositi.*

PR, PR', *presbiter, presbiteri.*

pratorũ, *Pratorum.*

PRAXED̃, *Praxedis.*

PR̃DIC̃, *Predicatorum.*

PRE, p̃re, *Pierre, prepositi.*

PRẼBITERI, PREBITI, PRẼBITRI, PREBRI, PREBR3I, *Presbiteri.*

PREDIC̃, PREDICATO℞, *Predicatorum.*

PREMONSTR', PREMONSTR, PREMONSTRAT, PREMONSTRATEN, *Premonstratensis.*

preôst, *prevost.*

PREPOĨ, PREPOS', *prepositi.*

PRES, PRESBIRI, presbit'ri, *presbiteri.*

prestr, *prestre.*

PRESVL, *presulis.*

PRETR', *prêtre.*

PREVDÕE, *Preudome.*

pr̃i, PRI, *presbiteri, principis.*

PRIA, *patria.*

priãtis, *primatis.*

PRĨCIPIS, *principis.*

P̃RIGNA, *Perigna.*

PRIMAT̃, *primatis.*

PRIMOGẼITI, PRIMOGENIT, *primogeniti, primogenitus.*

PRINC, PRINCIP, *principis.*

PRINCIPAT'. *principatus.*

PRIOR', *prioris.*

PRIORAT̃, PRIORAT9, *prioratus.*

PRM, *primatis.*

PRO, *profunda.*

PROBOR̃, *proborum.*

PROCVR̃, *procuratoris.*

PROFESS, *professoris.*

ꝑRONA, *Perona.*

PROP, *prope.*

PROTASI9, *Protasius.*

PROVĨCIALIS, *provincialis.*

PRVLIACENS̃, *Pruliacensis.*

PRVVIÑ, *Pruvinensis.*

P̃S, P̃SBR'I, psb̃ri, *presbiteri.*

ꝑSOE, ꝑSON, ꝑSONE, *persone.*

PST', *prebstre.*

ꝑTE, *parte.*

P̃TELL, P̃TELLIS, *Pratellis.*

ꝑTENAI, *Partenai.*

ꝑTH, *Partheniaci.*

ꝑThASI9, ꝑTHASIVS, *Prothasius.*

ꝑThONO, *prothonotarii.*

ꝑTIACI, *Pertiaci.*

ꝑTICO, *Pertico.*

ꝑTIE, *partie.*

ꝑTIS, P̃TIS, *Pratis.*

ꝑTÑ, *Partheniaci.*

PVBL, *publici.*

PVDẼTIANE, *Pudentiane.*

ꝑVICIE, ꝑVIE, ꝑVINC̃, *Provincie.*

p̃uincia, *Provincia.*

ꝑVINCIAL, *provincialis.*

ꝑUINCIE, P'VINCIE, *provincie.*

PVLT̃, PVLTERIEÑ, *Pulteriensis.*

ꝑVOST, P̃VOST, *prevost.*

pvoste, prevosté.
PVSIN. Perusinum.
PW, parvum.

QL, Q, Q, QLD, que, quod.
QING', Qingey.
QNDAM, quondam.
QNTINI, Quintini.
QLTERI, Quiteri.
QUA, quam.
QUD, quod.
QVENOI, Quesnoi.
QVICHI, Quinchy.
QVICQL, quicquid.
QVILLI, Querilli.
QVINTIN, Quintinus.
QVITINI, Quintini.
QVOND', QVONDA, quondam.

R, R', Raimundus, Reginardi, Renaldi, Ricardi, Rigaldi, roi, Rouen, Roberti.
R D, reverendi domini.
RAD, RAD', Radulphi.
RADYGIE, Radingiem.
RADVL, Radulfus.
RAG, Raginaldi.
RAIM, RAIMODI, Raimondi.
RASE, Rasse.
RASEGHE, Raseghem.
RASON, rassois, Rasonis, Rassonis.
RAYM, raymudi, Raymundi.
RD', Reud.
rdep', redemptionis.
receptor, receptoris.
RECLIATORII, Reclinatorii.
RECOGN', recognitiones.
REDON', REDONEN. Redonensis.
REG, REG', regis, regem, regium, regine, Reginaldi, regalis.
REGIN, Reginaldi.
REGISTEST', REGITESTEN, registestn, REGISTHEST, REGITHEST, REGITHESTEN, Registestensis, Regithestensis.
REGS, regis.
REGV, regu, regum.
regularu, regularium.
REIFI', Reifin.
REL, RELICT', relicte.
REM, REMEN', REMSIS, Remensis.
REN, Renaldi.
RENERVIL, Renervilla.
RENOVAT, RENOVATV, renovatum.
requestaru, requestarum.
RETEN', Retestensis.
REVENDI, reverendi.
R'GINA, regina.
RGIS, regis.
RGIV, regium.
RIBOD', RIBODIMOT'. Ribodimontem, Ribodimontis.
RIC', RICAR, Ricardi.
RICHEMD', RICHEMVDI, Richemundi.
RICHMONTIS, Richemontis.
ridd', RIDERE, riddere.
RIPELL, Ripellis.
RIPIA, Riperia.
RIPPIE, Ripparie.
R'NIER, Renier.
ROANOR, Romanorum.

ROB', ROBERT', ROBETI, *Roberti, Robertus.*

ROB'GE, *Roberge.*

ROBT, ROB'T, ROB'TI, *Robert, Roberti.*

ROG', ROG'I, *Rogier, Rogeri.*

ROHL, *Rochelle.*

ROM, ROMAN, ROMANOZ, ROMANORV, romaor, *Romani, Romanorum.*

RON, *romane.*

RONC', *Roncarollis.*

ROSCH, *Roscha.*

ROSCHILDEN, *Roschildensis.*

ROSETEN, *Rosetensis.*

ROSILL, *Rosillione.*

ROSNACEN', *Rosnacensis.*

ROSSIL, ROSSILI', ROSSILIOIS, *Rossilione, Rossilionis.*

ROT, *Rotelu.*

ROTDI, *Rotroldi.*

ROTH, *Rothomagensis.*

ROTHI, *Rothomagi.*

ROTHNAC, rothnacen, *Rothnacensis.*

ROTHOM, ROTHOMAG, rothomag, ROTHOMAGEN, rothomagen, ROTHOMAGESIS, *Rothomagensis.*

ROTHOMAGESIV, *Rothomagensium*

ROTOMAG, *Rotomagensis.*

ROTVDA, *rotunda.*

rotundu, *rotundum.*

RQVA, *Roqua.*

RVD'ERE, *ruddere.*

RVELL, *Ruelle.*

RVFIN, *Rufino.*

RVPEN, *Rupensis.*

RVPTI, *Ruperti.*

RVREMVND', *Ruremunde.*

RVT, RVTH, RVTHEN, RVTHENEN, *Ruthenensis.*

S, S', S, S, S, *saint, sancti, sancte, sanctus, Sanche, Sancii, seigneur, sire, sergent, sigillum, Stephanus, sur.*

S A, *semper augusti.*

S' B', *Sancti Bertini.*

S' F, *Sancti Francisci.*

S M, *Sancte Marie.*

S P, *sanctus Paulus, sanctus Petrus.*

S PA, *sanctus Paulus.*

S P A V, *sanctus Paulus.*

S PE, *sanctus Petrus.*

S P E T, *sanctus Petrus.*

S R, *sancte romane.*

S R E, *sancte romane ecclesie.*

SAB, SABAVD', saband', *Sabaudie.*

SABINEN, SABN, *Sabinensis.*

SABRA, *Sabram.*

SAC, sac, *sacri.*

SAC IMP, *sacri imperii.*

SAC'D', SACEDOTIS, SACERDOT, *sacerdotis.*

SACHIZ, *Sanchiz.*

SACII, *Sancii.*

SĀCTI, *sancti.*
SAGLOĪS, *Sagalonis.*
SAĪ, *saint.*
SAĪLIZ, *Sainlis.*
SAĪT, saīt, *saint.*
SAL, SAŁ, *Salinensis, Salomonis.*
salemoē, *Salemone.*
SALĪĀ, salīarū, *Salinarum.*
SALIÑSIS, *Salinensis.*
SALĪS, *Salins.*
SALM', *Salmensis.*
SALMVR̄, *Salmurum.*
SALMVRIEÑ, *Salmuriensis.*
SALV', SALVAT̄, SALVATOR', *Salvatoris.*
salubrieñ, *Salubriensis.*
SALV̄, *salvum.*
SANCT', SANCT9, *sanctus.*
SANDOVVIŁŁ, *Sandouville.*
SANDR'T, *Sandrart.*
SANS', *Sanson.*
SAPAR, *Sapara.*
SARDIN, *Sardinie.*
SARLATEN', SARLATN̄, *Sarlatensis.*
sarneñ, *Sarnensis.*
SAVIGNEN, *Savignensis.*
SAVIGNYACEN̄, *Savignyacensis.*
SAVKEVIŁ, *Saukeville.*
SAVS, *Sausemberg.*
sauve, *Sauveur.*
saxoie, *Saxonie.*
SC, *sanctus.*
SCAB̄, SCABĪ, *scabini, scabinorum.*
SCABINAT9, *scabinatus.*
SCABINOR', scabinoē, SCABINORV̄, SCABĪOR', scabōē, *scabinorum.*
SCÆ, *sanctæ.*
SC̄BENTIS, *scribentis.*
SC̄BIS, *scribis.*
SC̄BO, *scribo.*
SC̄I, *sancti.*
SC̄O, *sancto.*
SC̄O P, *sancto Paulo.*
SCOŁ, SCOLAR', SCOLARIV', *scolastici, scolarium.*
SCOLAST', SCOLASTIC', *scolastici.*
SCOꝝ, *sanctorum.*
SC̄PTORIS, *scriptoris.*
SC̄S, *sanctus.*
sctō, *sancto.*
SCTVM, *secretum, scutum.*
SEC̄, *secret.*
SECRET', secret, SECRETV̄, SECRTV̄, secrū, SEC̄T, *secretum.*
SEC̄TI, *secreti.*
SEC̄TV̄, sectū, sectūm, *secretum.*
secund9, *secundus.*
SED', sed', *sedis.*
SEDELOCEÑ, *Sedelocensis.*
SEG, *segretum.*
SĒGHĪ, *Senghin.*
SEGN̄, segū, segne', *segneur.*
SEGV̄TINI, *Seguntini.*
SEIG, seig, seigūr, seigr, *seigneur.*
SEMIŁŁ, *Semilli.*
SEMP, SEMP̄, *semper.*
SEN, senescħ, *senescallie, seneschaussée.*

SENGHI, *Senghin.*

SENIOR', *senioris.*

SENOÑ, SENON', *Senonensis, Senonis.*

SĒP, *semper.*

SEPRĀ, *Sepram.*

SEPTEN FONTIB', *Septen Fontibus.*

SEPVLC̄, SEPVLCH, *sepulchri.*

SEQ'AM, *Sequanam.*

SESCALLI, *senescalli.*

SĒSELL, *Senselles.*

SEXT9, *sextus.*

sēsell', SEZELLES, *Senzelles.*

S'GEN, *sergen.*

S'GET', *sergenterie.*

S, SI, si, *sigillum, sancti.*

SICIL, *Sicilie.*

SICLIÑ, SICLINIĒ, SICLINIEÑ, *Siclinienisis.*

sig', *signeur.*

SIG', SIGI', SIGILL, SIGILLO, SIGILLV̄, SIGILVM, SIGL SIGLLVO, *sigillum.*

SIGN̄, sign̄, *signeur, signo.*

signēr, *signeur.*

SIGNV, signū, *signeur, signum.*

SIG'R, *signeur.*

sil, *sigillum.*

SIL, SILVAÑ, SILVANECT, SILVANECTEN, SILVANECTĒSIS, SILVANETE, SILVANETĒN, *Silvanectensis.*

SILVEST', *Silvestris.*

SILVRI, *Silvestri.*

SIMO', SIMOÏS, SIMON̄, *Simon, Simonis.*

SĪPHORIANVS, *Simphorianus.*

slavor, *Slavorum.*

slesvicen', *Slesvicensis.*

S'LL, SLL, *sigillum.*

S · L · V · A, *Silvanectum.*

SM, *sigillum.*

S̄MĀT, *sermant.*

SÑ VIC, *Sancti Vincentii.*

SNT, *saint.*

soisō, *Soissons.*

SONEGIEN', *Sonegiensis.*

SOROR', SOROR̄, SORORŪ, *sororum.*

SOTĪGH, *Sotinghien.*

SOVCHET̄, *Soucheto.*

SOVPLIC', *Souplicourt.*

SP, *Spanheim.*

SPAG̃AC, *Spagnac.*

SPANHĒI, *Spanheim.*

SPA'RII, *speciarii.*

SP̄C SCI, *Spiritus Sancti.*

SPIREN, *Spirensis.*

SP̄NONE, *Sparnone.*

SP̄S, *spiritus.*

S̄R, *super.*

S̄S, *Suessionensis.*

st, *saint.*

ST, STE, *Stephanus.*

steēbeke, *Steenbeke.*

STEHANI, STEPH, STEPHAN, STEPHE, STEPHI, STEPHNI, STEPHS, STEPHVS, *Stephani, Stephane, Stephanus.*

STETI, *Stetin.*

STIR', *Stirie.*

stor̄, *sanctorum.*

strīē, *Strien.*

STRVMENS', *Strumensis.*

STTIS, *Stratis.*

ST'VLE, *Stavle.*

SV̄, *sum.*

SVBDEC̄, *subdecani.*

SVBDIACON', *subdiaconi.*

SVBPRIOR', *subprioris.*

SVESS', SVESSĪ, SVESSIŌ, SVESSION̄, SVESSION', SVESSIONE, SVESSIONEN̄, SVESSIONĒSIS, SVESSIOÑS', *Suessionensis.*

S'vie, *Suevie.*

SVLĒ, *Sulensis*, pour *Insulensis.*

SVP, *super.*

SVPIOR, *superior.*

SVPMV, SVPREMV̄, *supremum.*

SVSÑE, *Susanne.*

sutphañ, *Sutphanie.*

S'VV̄, *servum.*

SWESTER', *Swesterentium.*

symō, SYMŌIS, *Symon*, *Symonis.*

synō, *Syneio.*

S̄, *seigneur.*

TABELL, TABELLIŌIS, *tabellionis.*

Tabellionat, *tabellionatus.*

TAC, *Taconis.*

TĀCARVILE, *Tancarvile.*

TAILLEB', TALLB, *Tailleburgi.*

TMCARVIL, *Tancarville.*

TAITV̄, *tantum.*

TARDECHIĒ, *Tardechien.*

TĀTVM, *tantum.*

TAV̄NI, *Taverni.*

TCEN̄, *Trecensis.*

TC̄II, tcii, *tercii.*

T'DIF, *Tardif.*

TEB'GE, *Teberge.*

TEC̄, *tecum.*

TECKH, *Teckhensis.*

TECV̄, *tecum.*

TEESAVRAR, *teesaurarius.*

TEMM'MAN, *Temmerman.*

tenq', *Tenques.*

TENREMOND', TENREMONDENTIV̄, *Tenremondi*, *Tenremondentium.*

TER̄A, *terra.*

TERR', *Terrici.*

TERRACINEN̄, *Terracinensis.*

tesārarius, *tesaurarius.*

TEST̄ PĒ, *testo Petro.*

TH̄, *Theoderici*, *Thome*, *Thorota.*

THENOLIEN̄, *Thenoliensis.*

THEOD', THEODR̄ICI, *Theoderici.*

thes, THESAVR̄, THESAVRAR', *thesaurarii.*

THEVTONICOR', *Theutonicorum.*

TH̄I, *Thibaud.*

THIDER', *Thiderici.*

THM, *Thomas.*

THOĒ, *Tholose.*

THOL, THOLA, *Tholosa.*

THŌLANI, THOLOSAN', *Tholosani*, *Tholosanorum.*

THOM', *Thome.*

THŌM, *Thomeriarum.*

thoulōion, *Thoulonjeon.*

THSAVRA, *thesaurarii.*

TIBĀ, *Tibaut.*

TIBODIVILL, *Tibodivilla.*

TIB'TIS, *Tibertia.*

TIECTĒN, TIECTĒSIS, *Trajectensis.*

TIḰNEN̄, *Tihernensis.*

TINITIS', *Trinitatis.*

TIROL, *Tirolis.*

TIT', tit, TITVL, *tituli.*

T̄NIS, T̄NITAT', T̄NITATIS, t̄nitatis, *Trinitatis.*

TNV, *Ternu.*

TOCI', *tocius.*

TOLETAN̄, *Toletani.*

TOLL, TOLLS, *tollis.*

TOLTAN̄, *Toletanensis.*

TOLTI, *Toleti.*

TON̄, *Turonensis.*

TONEL, *tonelier.*

TORCH, *Torchi.*

TORLAVIL, *Torlaville.*

TORN̄, TORNAC, tornace, TORNACEN', tornaceñ, TORNACENS̄, TORNACN̄, tornasen, *Tornacensis, Tornasensis.*

TORNODOR, *Tornodorensis.*

TORVILL, *Torvilla.*

TPHI, *Tephani.*

TRA, *terra.*

TRAIECTEN̄, traiectñsis, *Trajectensis.*

TRĀLEAVS, *Tranleaus.*

TR'CE, *Trecensis.*

T̄RE, *Turre.*

TRECEN, treceñ, TRECN̄, *Trecensis.*

TREV', TREVERĒN, *Treviris, Treverensis.*

TRĪTAT', *Trinitatis.*

troti, *Trotin.*

T̄SIGNIES, *Trasignies.*

TT̄, *tituli.*

T̄VAN, *Tervanensis.*

TVD', *Tudiniensis.*

TVLL, *Tullio.*

TVLL̄, TVLLEN̄, TVLLN, *Tullensis, Tullensium.*

TVMEN̄L, *Tuménil.*

TVR̄, *Turonis.*

turigie, *Turingie.*

TVRON, TVRONEN, *Turonensis.*

TUTEL̄, *Tutelensis.*

TVTT̄IS, *tuttricis.*

TV∇̄, *tuum.*

TYNYGH̄A, *Tynygham.*

TYR, *Tyrolis.*

V̄, *van.*

V I, *utroque jure.*

VĀ, *van.*

VACĀTE, VACĀTIS, *vacante, vacantis.*

vāde, *vanden.*

VAL', *Vallibus.*

VAL, *Valesii.*

VAL, VALĒCHN̄S, VALĒCIENES, *Valencenis, Valenchiennes, Valenciennes.*

VALE, *Valerie.*

VALĒGEVIAR, *Valengeujar.*

VALEMV̄, *Valemunt.*

VALEN̄, VALEN, VALENC̄, VALENCEN', VALENCENEN̄, VALENCEN̄ESIS, *Valencenas, Valencenensis.*

VALENCH, VALENCHENENS', VALENCHENĒSIS, VALENCHS, *Valenchenas, Valenchenensis.*

VALENT, *Valentinensis.*

VALES', *Valesie.*

VALĒTIN, *Valentinensis.*

VALIE, *Valerie.*

VALIS, *Vallis.*

VALKB', *Valkemburg.*

VALL, VALLB3, *Vallis, Vallibus.*

VALLECOVRT, *Vallencourt.*

VALLENBŌ, *Vallenbon.*

VALLIB3, *Vallibus.*

VALLIS LVC, *Vallis Lucentis.*

VALL PRO, *Vallis Profunde.*

VALL VIRID', *Vallis Viridis.*

VALN̄, *Valentinensis.*

VALNC, *Valencie.*

VALON', VALON, *Valoniensis.*

vand', *vander.*

VAR̄, *Varneston.*

VARENN̄ES, *Varennes.*

VASCON', *Vasconie.*

VASIONEN̄, *Vasionensis.*

VASS', *Vassalliaco.*

VASSALL, *Vassallis.*

vaucell', *Vaucelles.*

vaulupsāt, *Vauluysant.*

VBTIS, *Ubertis.*

vcar grā, *vicarius generalis.*

V'DVE, *vidue.*

VDVN, *Virdunensis.*

VECVTE, *vecunte.*

VED̄, *Vedasti.*

VĒDOLIO, *Vendolio.*

VĒDOVGIES, *Vendougies.*

VENIT, *venit.*

VELLETREN̄, VELLETRĒSIS, *Velletrensis.*

VELV̄ AVREV̄, *Velum aureum.*

VEN̄, *Vennetensium.*

VENĀTIO, *Venantio.*

VENETIAR', *Venetiarum.*

VENTADOREN', *Ventadorensis.*

VERNON̄, *Vernonensis.*

VETI, *veteri.*

V̄GO, *Virgo.*

VGOĪBVS, *Ugonibus.*

V̄GVLTO, *Virgulto.*

VIĀ, *viam.*

VIANEN̄, *Vianensis.*

VĪC, *Vincentii.*

VIC', *vicecomitis, vicecomitatus, vicomté.*

VICAR̄, vicar, VICARIOR', *vicarii, vicarie, vicariorum.*

VICECOĪTATVS, *vicecomitatus.*

VICECOĪTIS, *vicecomitis.*

VICECOM̄, VICECOMIT̄, *vicecomitatus, vicecomitis.*

VICEDN̄I, *vicedomini.*

VĪCENT, *Vincent.*

vic̄o, *viconte.*

VICONT3, *vicontés.*

VICŌTE, vicōte, VI9TE, victe, *viconte, viconté.*

VICTOR̄, *Victoris.*

VIEN̄, vien̄, VIENN̄, vienneñ, VIENNENS', *Vienna, Viennensis.*

VIGES', *vigesimo.*

VIGVLTO, *Virgulto.*

VILLARIB', *Villaribus.*

VILLCI, *villici.*

VILLELVP̄, *Villelupensis.*

VILLEGENART, *Villagenart.*

VILNOVA, *Villanova.*

VILPEĪTE, *Vilepeinte.*

VILS, *Vilers.*

VINCENARV̄, *Vincenarum.*

VINSTĪNGEN, *Vinstringen.*

VIR, *Virginis.*

virdū, virdunen̄, *Virdunensis.*

VIRḠ, *Virginis.*

VIRID', *viridis.*

VIROM̄, VIROMĀDIA, VIROMANDAN, VIROMEN, *Viromandensis, Viromendensis, Viromandia.*

VIRZILIACEN̄, *Virziliacensis.*

VIVARIEN, *Vivariensis.*

VIVIĀI, *Viviani.*

V̄IV̄SITATIS, *universitatis.*

VLMELL, *Ulmellis.*

VL, *Ville.*

VLTRA AVĀ, *Ultra Aquam.*

VMB, *Umberti.*

vn', *van.*

VN, *Vernone.*

VNIVSITAT̄, univ̄sitatis, *universitatis.*

V̄NOLII, *Vernolii.*

VNOLIO, *Vernolio.*

V̄NVELG, *Vernuelg.*

vō, *von.*

VOLVENT', *Volventi.*

VOTV̄, *votum.*

vriesl̄, *Vrieslant.*

vroū, *vrouwe.*

VRSICĀPI, *Ursicampi.*

VRSINI, *Ursinis.*

V̄SŌ, *Vierson.*

VTICEN, VTICĒSIS, *Uticensis.*

VTR, VTVSQ, *utriusque.*

V̄VIN, *Vervin.*

VX̄, VXŌ, VXOR̄, *uxoris.*

W, *Willelmi.*

WAASS', *Waasseur.*

WAL̄ANNI, *Waleranni.*

WALENCĀP, *Valencamp.*

walhū, *Walhain.*

WALIQIERVILL, *Waliqierville.*

WALLECVRIEN̄, *Wallecuriensis.*

WALLIAC', *Walliaco.*

WALT', WALTER̄, WALT̄I, WALTII, *Walteri, Walterii.*

WANDREG', *Wandregisilii.*

WARĪ, *Warin.*

WARINGIERVILL, *Waringierville.*

WARR, *Warwick.*

WASTIN, *Wastinensis.*

WAT̄, *Watier.*

WATEN, WATENEN, WATENĒSIS, *Watenensis.*

WATINEN', *Watinensis.*

WAVB'COVRT, *Waubercourt.*

WAULAĪCOUR, *Waulaincourt.*

WAVQVELI, *Wauquelin.*

WAVRĀS, *Wavrans.*

WAVRECHĪ, *Wavrechin.*

WAVRĪG, *Wavring.*

WAVT̄, *Wautier.*

WEISSENB, *Weissenburgensis.*

WELL, *Wellensis.*

WENZESL, *Wenzeslaus.*

WAYS', *Weyseforde.*

WI, *Willaume, Wiart.*

WILE, *Willaume.*

Will, WILHI, *Wilhelmi.*

WILL, WILL, *Willelmus, Willaume.*

WILLAM, *William.*

Willi, WILLOMI, *Willelmi.*

WILLMVS, *Willelmus.*

WINTONIĒN, *Wintoniensis.*

WIS, *Wistace.*

WISQ, *Wisques.*

WLE, *Willaume.*

WLFR', *Vulframni.*

WLI, WLL, WLLI, WLLMI, *Willelmi.*

WMVS, *Willelmus.*

WORMERĀG', *Wormerange.*

WOVT, WOVTĒ, *Wouters.*

W'TON, *Wirton.*

XANCT', XANCTON, *Xanctonensis.*

XANI, *christiani.*

XANIT, *christianitatis.*

XANTONEN, *Xantonensis.*

XPE, *Christe.*

XPI, *Christi.*

XPIAN', XPIANI, XPIANIT, XPIANITĀ, *christiani, christianitatis.*

XPIANOR', *christianorum.*

XPINE, *Christine.*

XPINITATIS, XPRISTIANITAT, XPIT, *christianitatis.*

XP'OPHORI, *Christophori.*

XP'S, *Christus.*

XSTIANI, *christiani.*

YOLAND', *Yolandis.*

YOLET, *Yolent.*

YPREN, ypreū, *Yprensis.*

YVODIEN', *Yvodiensis.*

ZAEL, *Zaelandie.*

zamor, ZAMOREN, *Zamorensis.*

zeel, zeell', zeellie, *Zeellandie.*

zeelt, *Zeelant.*

zel', zelād, ZELAND' ZELL, zelādie, *Zelandie, Zellandie.*

ZEVĒCOTE, *Zevencote.*

zevenbḡhen, *Zevenberghen.*

ZOVTELĀDE, *Zoutelande.*

ZVTPH, zutphañ, ZVTPHANIEN, *Zutphanie.*

zuytbāut, *Zuytbevelant.*

zyerixeū, *Zyericxensis.*

www.ingramcontent.com/pod-product-compliance
Ingram Content Group UK Ltd.
Pitfield, Milton Keynes, MK11 3LW, UK
UKHW021112290826
14628UKWH00014B/1722

9 782019 705626